Priamus · **Die Ruinenkinder**

Fotografierte Zeitgeschichte
Droste

Heinz-Jürgen Priamus

Die Ruinenkinder

Im Ruhrgebiet 1945/1949

Droste Verlag Düsseldorf

Bildquellennachweis

Hauptstaatsarchiv Düsseldorf: 10–14, 16, 17, 19, 20, 26, 31, 32, 34, 37, 39, 45, 47, 49, 53, 54, 56, 58, 65, 66, 69, 70, 82, 86, 88, 106 und Einband
Privatbesitz H. Alertz: 59
Privatbesitz Dr. A. Ledermann: Titelfoto: 1–6, 8, 9, 18, 21–23, 25, 27, 29, 30, 33, 35, 36, 38, 41–44, 46, 48, 51, 52, 55, 57, 60–64, 67, 68, 76, 77, 81, 89, 92–105, 107–119
Privatbesitz W. Müller: 40, 87, 91
Privatbesitz E. Rohleder: 84
Stadtarchiv Dortmund: 7, 15, 28, 75, 78
Stadtarchiv Duisburg: 85
Stadtarchiv Gelsenkirchen: 24, 71–74, 80
Stadtbildstelle Essen: 50, 79, 83, 90

Über den Autor:

Dr. phil. Heinz-Jürgen Priamus M. A., Jahrgang 1949. Studium der Fächer Sozial- und Wirtschaftsgeschichte, Neuere Geschichte, Anglistik, Pädagogik und Philosophie. 1974 Magisterexamen. 1978 Promotion an der Ruhr-Universität Bochum mit einer Arbeit zur Sozialgeschichte der Weimarer Republik. 1979 erschien sein Buch «Angestellte und Demokratie. Die nationalliberale Angestelltenbewegung in der Weimarer Republik». Seit 1978 wiss. Mitarbeiter und Fachbereichsleiter bei der Volkshochschule der Stadt Gelsenkirchen.

CIP-Kurztitelaufnahme der Deutschen Bibliothek

Priamus, Heinz-Jürgen:
Die Ruinenkinder: Im Ruhrgebiet 1945/1949 / Heinz-Jürgen Priamus.
– Düsseldorf: Droste, 1985. (Fotografierte Zeitgeschichte)
ISBN 3-7700-0686-0

Einband- und Buchgestaltung: Helmut Schwanen
Gesamtherstellung: Rheindruck Düsseldorf GmbH
Lithos: Droste Repro
ISBN 3-7700-0686-0

Inhalt

Vorbemerkung

Da ist das kleine Kind, das mit dick aufgequollenem Leib, barfuß und frierend vor der Haustür steht. Da liegen die drei acht- bis zehnjährigen Kinder in dem einzigen Bett der Familie. Die Wohnung, in der dieses Bett steht, ist ein dumpfes, fensterloses Kellerloch ohne elektrisches Licht, das vor dem Krieg als Kohlenlager diente. Da erscheinen die vielen Kinder, deren einzige richtige Mahlzeit am Tag die Schulspeisung ist. Drei Beispiele für den Alltag von Ruhrgebietskindern, wie er für die Zeit nach Beendigung des Zweiten Weltkriegs typisch war.

Mitte April 1945 war der Krieg für das Ruhrrevier, jenen wichtigen industriellen Ballungsraum im Westen Deutschlands, endgültig beendet. Duisburg und Dortmund wurden als letzte Städte dieser Region an Ruhr und Emscher von amerikanischen Truppen erobert und besetzt. Jetzt, da Ruhe einkehrte, zeigte sich dem Betrachter das unübersehbare Meer von Trümmern. Aber nicht nur die Hälfte aller Wohnungen lag in Schutt und Asche, auch die Menschen, die in diese trostlose Landschaft zurückzuströmen begannen, waren oft innerlich zerbrochen.

Besonders bei vielen Kindern und Jugendlichen, über Jahre hinweg «erzogen» im Sinne der nationalsozialistischen «Weltanschauung», tat sich nun häufig eine «innere Leere» auf. Während der letzten beiden Kriegsjahre, seit die Bomber der Alliierten immer häufiger über dem Gebiet zwischen Dortmund und Duisburg aufgetaucht waren, waren sie von den Nazis zunehmend evakuiert worden. Die Lager der «Kinderlandverschickung», in die man sie überwiegend brachte, waren aber nicht nur «bombensicher», sie waren auch der Ort weiterer Indoktrination.

Ende 1945 waren viele der «verschickten» Kinder wieder zu Hause. Nicht wenige ihrer Väter waren gefallen oder vermißt. Sie lebten bei ihren Müttern, die vor lauter Arbeit und Sorge kaum Zeit für sie hatten. Sie hausten in «Behelfswohnungen», in ehemaligen Bunkern und Kellern ohne natürliches Licht. Tische und Fußböden dienten ihnen als Schlafstatt. Sie hungerten und gingen barfuß, litten an Krätze und anderen Schmutz- und Mangelkrankheiten. Oft waren sie es sogar, die das Lebensnotwendigste «organisierten» und ganz allein die Familie am Leben erhielten.

Dieses Buch will den Alltag, Leid, Elend und Entbehrungen der Kinder des Ruhrgebiets in den ersten Jahren nach dem Krieg darstellen. Es will versuchen, jungen Leuten von heute die Frage zu beantworten, unter welchen Bedingungen ihre Mütter und Väter heranwuchsen. Viele wissen nichts über diese Zeit, denn ihre Eltern sprechen nicht gerne darüber und die Schule klammert den Alltag jener Zeit aus, beschränkt sich auf die Darstellung der politischen Ereignisse. Wenn überhaupt die Nachkriegszeit Thema des Unterrichts ist.

Viele wissen auch nicht um die seelische Not, die der Zerfall des NS-Regimes bei den Kindern und Jugendlichen hinterlassen hatte. Heute noch nationalsozialistisch beeinflußt, suchten schon morgen Briten und Amerikaner Einfluß auf ihr Denken und Fühlen zu nehmen, um sie auf den demokratischen Weg zu bringen. Die Schule war am geeignetsten dafür. Schon im August 1945, nur vier Monate nach Kriegsende, war ein Großteil der Volksschulen wieder in Betrieb. Die Schwierigkeiten gerade im Schulbereich waren überwältigend: zerstörte Klassenräume, überfüllte Klassen, fehlende Schulbücher, Entnazifizierung der Lehrer.

Das Buch wendet sich aber auch an die ehemaligen «Ruinenkinder» selbst. Es will ihnen noch einmal systematisch vor Augen führen, unter welchen Bedingungen sie damals neu beginnen mußten. Es will sie gleichzeitig anregen, ihr Wissen, ihre Erlebnisse weiterzugeben. Eine Arbeit, die nur einen relativ begrenzten Text und eine ebenso eingeschränkte Zahl von Bildern präsentieren kann, darf sicherlich nicht den Anspruch erheben, «den» Kinderalltag im Ruhrgebiet zwischen 1945 und 1949 darzustellen. Allein die Uneinheitlichkeit des geographischen Raums «Ruhrgebiet» setzt hier schon von vornherein Grenzen. Dennoch sind, so glaube ich, einige der wesentlichsten Aspekte der Wirklichkeit, mit denen die Kinder in jenen Tagen konfrontiert wurden, erfaßt. Da noch keine wissenschaftliche Aufarbeitung dieses wichtigen Themenkomplexes existiert, übernimmt dieses Buch eine Art «Vorreiterfunktion». Hier weiterzuarbeiten erwiese sich als lohnend.

I. Heimkehr in die Zerstörung

Es waren zu großen Teilen Kinder, die – im Verlaufe des Krieges zunehmend in «bombensichere» Lager der «Kinderlandverschickung» in allen Teilen des «großdeutschen Reichs» evakuiert – unmittelbar nach Kriegsende in die zerstörten Städte des Ruhrgebiets zurückfluteten. Spätestens seit 1943 war das Ruhrgebiet, und hier vor allem die «reinen» Arbeiterviertel, wenn nicht entvölkert, so doch bevölkerungsmäßig allenthalben erheblich geschrumpft, vor allem aber fast «kinderlos».

Auf Geheiß der NS-Führung hatte man die Städte verlassen müssen, als die Bombenangriffe der westlichen Alliierten zunahmen. Die Städte, wie z.B. Bottrop, Essen, Duisburg und Gelsenkirchen, waren so im Mai/Juni 1945 z.T. von weniger als der Hälfte der Vorkriegsbevölkerung bewohnt. In Gelsenkirchen lebten anstelle der 317568 Einwohner des Jahres 1939 nur 150034 Menschen. Hiervon waren 27567 Kinder und Jugendliche bis zu 18 Jahren. Dies entspricht einem Anteil von 18 Prozent, wohingegen vor dem Krieg dieser Anteil bei 31 Prozent lag. In Essen hatten die Statistiker 1939 667000 Menschen gezählt, von denen 1945 nur noch 285000 in der Stadt waren. Und auch in Bochum war es nicht anders: rund 162000 Einwohner erlebten den Zeitpunkt der Kapitulation in dieser Stadt, wenig mehr als die Hälfte der 305000 Vorkriegseinwohner.

Nun kehrten sie wieder heim, die Kinder, die das NS-Regime als Wechsel auf die Zukunft betrachtet hatte und die es bis zum bitteren Ende in Lagern indoktriniert, ja – wenn sie älter waren – sogar als letztes Aufgebot in den Krieg geschickt und damit zum «Schlachtmaterial» gemacht hatte. Rund 45000 strömten zwischen Mai 1945 und Juli 1946 allein in die Ruhrgebietsgroßstadt Gelsenkirchen. Dies entspricht rund 40 Prozent der in diesem Zeitraum insgesamt die Stadt erreichenden Zuwandererwelle. Aber was erwartete diese Kinder, denen Werte vermittelt worden waren, die nun keine Gültigkeit mehr besaßen? Innerlich zerbrochen kehrten sie zurück in eine Welt, die auch äußerlich total zerstört war.

Seit dem 13. April 1945, die Städte Dortmund und Duisburg werden als letzte des Ruhrgebiets an diesem Tag von amerikanischen Truppen besetzt, ist der Krieg für diesen geographischen Raum insgesamt beendet. Amerikanische Beobachter berichten ihren vorgesetzten Dienststellen, daß auf seiten der

Tabelle: Bomben und Bombenangriffe auf das Ruhrgebiet

Stadt	Luftangriffe	Sprengbomben	Brandbomben	Bombenopfer
Bochum	225	22 000*	531 000*	4 095
Bottrop	105	11 500	30 000*	719
Castrop-Rauxel		11 415	20 298	398
Dortmund	137	25 000*	500 000*	6 000*
Duisburg	299	30 698	727 685	5 730
Essen	272	32 511	1 401 957	7 500
Gelsenkirchen	184	55 035	663 491	3 092
Gladbeck	109	10 606	25 281	872
Herne	64	2 698	4 843	419
Mülheim	160	8 870	290 481	1 301
Oberhausen	161	25 010	395 045	2 300
Recklinghausen		12 000*	150 000*	393
Wanne-Eickel	92	3 000*	461 000*	1 074
Wattenscheid	22	1 241	85 440*	293
Witten	91	1 977	103 845	711
gesamt		253 561	5 390 366	34 897

*geschätzt

◁ 1 *254000 Sprengbomben und über 5 Millionen Brandbomben hatten im Ruhrgebiet Industrieanlagen und Wohngebäude zerstört.*

Bevölkerung weder Euphorie über die Beendigung des Krieges herrsche, noch Abneigung oder gar Widerstand gegen die ersten Anordnungen der Besatzer zu verspüren sei – Apathie und Resignation scheinen vorzuherrschen. Aber war es das wirklich? War es nicht vielmehr die Niederlage, die – anders als im Jahre 1918, als sie scheinbar plötzlich und überraschend eintrat – seit langem erwartet wurde?

Nun ist der Krieg tatsächlich aus! Es herrscht ein nahezu vollständiges organisatorisches Chaos. Lediglich die städtischen Verwaltungen sind auf deutscher Seite noch grob intakt.

Vorher jedoch hatte das Ruhrgebiet Zerstörungsaktionen ungekannten Ausmaßes erfahren müssen. Immerhin waren rund 254000 Sprengbomben auf den Raum zwischen Ruhr und Emscher abgeworfen worden; davon galten 55000 der Stadt Gelsenkirchen, genausoviele wie auf Duisburg und Dortmund zusammen fielen, mehr als doppelt so viele wie für Bochum bestimmt waren. 5,4 Millionen Brandbomben trugen überdies zur Verwüstung bei.

Essen, Duisburg, Dortmund und Gelsenkirchen erlitten auf diese Weise die größten Schäden aller Ruhrgebietsstädte. Zehn weitere Städte waren weniger in Mitleidenschaft gezogen.

Das Ergebnis der Bombenangriffe war auch im Hinblick auf den zerstörten Wohnraum immens: Im Juni 1945 verzeichnete Bochum rund

2 *Schmale Bahnen wurden in den Trümmermassen freigeräumt.*

3 *Eine zerstörte Straße in Gelsenkirchen.*

25 000 Wohnungen für 170 000 Bewohner der Stadt. Vor dem Krieg hatte die Stadt über stolze 92 000 Wohnungen für 305 000 Bürger verfügt. In Essen sah die Lage nicht minder schlecht aus. 107 700 Wohnungen gibt die offizielle Statistik über Kriegsschäden für April/Mai 1945 an. Dem standen 205 100 Behausungen vor dem Krieg gegenüber. Allerdings muß eine kleine Einschränkung gemacht werden. Die Statistik weist alle jene Wohnungen aus, «in denen wenigstens eine Wohnung noch erhalten geblieben war». Ohne diesen Zusatz sähe das Ergebnis wesentlich düsterer aus. Denn vollständig unbeschädigt geblieben waren nur 3,4 Prozent aller vor dem Kriege in dieser Stadt vorhandenen Wohnungen. In Bochum lag diese Quote bei wenig mehr als 4 Prozent, wohingegen in Gelsenkirchen immerhin 6 Prozent der Unterkünfte dem Bombenhagel entgangen waren. Insgesamt blieb auch hier weniger als die Hälfte des Wohnungsbestandes übrig: 92 000 vor dem Krieg, 42 000 nach dem Krieg. Eine Bestandsaufnahme zu Beginn des Jahres 1946 ergab, daß in Dortmund und Duisburg zwei Drittel aller Domizile von den Bomben im Verlaufe des Krieges entweder regelrecht wegradiert oder gänzlich unbrauchbar gemacht worden waren. Lediglich Gladbeck nimmt unter den Ruhrgebietsstädten eine Ausnahmestellung ein. Hier hatte man nicht mehr als ein Fünftel aller Wohnquartiere verloren.

Wäre von den Besatzungsmächten ein sofortiges Zuzugsverbot ins Ruhrgebiet verhängt worden und hätte dieses auch kontrolliert werden können, so hätte die Wohnungsnot kaum derartige Ausmaße annehmen können wie es dann in den folgenden Jahren tatsächlich geschah. Ganz an einer Wohnungsmisere wäre man aber dennoch nicht vorbeigekommen. Zu viel war eben doch den Bomben zum Opfer gefallen.

Nur – grau ist alle Theorie! Wie hätte man angesichts der herrschenden Desorganisation ein solches Zuzugsverbot einhalten sollen? Wäre es nicht auch unmensch-

4 *Eine zerstörte Kirche in Gelsenkirchen.*

lich gewesen, den vielen zerrissenen Familien die Zusammenführung, den vielen Kindern die Rückkehr zu ihren Eltern zu verweigern?
In diese Richtung gehende Versuche wurden wohl unternommen. So verhängte die Stadt Oberhausen schon im September, Gelsenkirchen, Essen, Bochum im Oktober 1945 eine Zuzugssperre. Essen wurde alsbald sogar zum «Brennpunkt des Wohnungsbedarfs» erklärt. Zuzugsgenehmigungen erhielten nur heimkehrende Kriegsgefangene, Ehefrauen und (minderjährige) Kinder Essener Bürger. Außerdem ließ man solche Personen in die Stadt, die einen anerkannten Mangelberuf ausübten. Flüchtlinge konnten eine Genehmigung nur dann erhalten, wenn sie im Bergbau unter Tage oder als Bauhilfsarbeiter zu arbeiten bereit waren. Die Zuzugsgenehmigung wurde auch dann erteilt, wenn jemand Wohnraum in Selbsthilfe erstellen wollte.
Auch rief darüber hinaus die britische Militärregierung Anfang Oktober 1945 zu einer freiwilligen Räumung des Ruhrgebiets, wenigstens für den Winter 1945/46, auf. Allein – der Erfolg blieb aus!
So nimmt es nicht wunder, daß die Zahl der Einwohner bei Kriegsende in keiner Ruhrgebietsstadt von Bestand war. Im Gegenteil – sie änderte sich sogar schlagartig: schlagartig insofern, als sie sich nahezu überall infolge der rückflutenden Menschenmassen binnen weniger Monate fast verdoppelte. So wohnten in Duisburg Ende 1946 356408 Menschen, zwar rund ein Fünftel weniger als 1939, aber mehr als doppelt so viele wie Ende Juni 1945, als die Stadt nur 165176 Einwohner zählte. Ähnlich schlimm sah es in Bottrop aus, dessen Bevölkerung von 1945 rund 38000 auf mehr als 80000 im November 1946 anstieg. Auch in Essen, Oberhausen und Gelsenkirchen verlief die Entwicklung wenn auch vielleicht nicht ganz so extrem, so doch vergleichbar. Allein zwischen dem 1. Juni und dem 30. September 1945 waren rund 61000 Menschen nach Gelsenkirchen ge-

◁ 5 *Die Beseitigung der Trümmermassen erschien ohne geeignete Maschinen als schier unlösbare Aufgabe.*

Tabelle: Bevölkerungsentwicklung im Ruhrgebiet 1939–1946

Stadt	1939	1945	1946
Bochum	305 485	161 590	246 477
Bottrop	83 385	38 000*	80 724
Castrop-Rauxel	56 610	46 724	58 292
Dortmund	542 261	220 000*	436 491
Duisburg	434 646	165 176	356 408
Essen	666 743	285 192	524 728
Gelsenkirchen	317 568	150 034	265 793
Gladbeck	58 713	48 000*	61 497
Herne	94 649	68 000*	97 389
Mülheim	137 540	88 000*	132 370
Oberhausen	191 842	96 000*	174 117
Recklinghausen	86 313	50 000*	89 787
Wanne-Eickel	86 680	44 327	73 756
Wattenscheid	61 449	30 000*	59 525
Witten	73 548	40 000*	69 384
gesamt	3 197 432	1 531 043	2 726 738

*geschätzt

6 *Auch das Hans-Sachs-Haus, der Sitz der Gelsenkirchener Stadtverwaltung, hatte schwere Schäden davongetragen.*

kommen, was einer Zunahme von 41 Prozent entspricht.
Wo sollten aber all diese Menschen bleiben? Wie wollte man angesichts des Materialmangels zusätzlichen Wohnraum schaffen?
Administrative Regelungen erbrachten kaum vorzeigbare Ergebnisse: Wie in Essen wurden auch andernorts Rationierungsmaßstäbe angelegt. So wurden Räume, die eine bestimmte Größe überschritten, wie zwei Zimmer bewertet und in größeren Wohnungen mit vier und mehr Räumen unter bestimmten Bedingungen ein Raum für zwei Personen gerechnet. Nur was half das alles schon? Und obwohl gleichzeitig allerorten übergroße Anstrengungen unternommen wurden, um der Misere Herr zu werden, konnten alle Versuche, die Wohnungsnot einzudämmen, niemals Schritt halten mit dem Zustrom an Menschen – nicht nur Heimkehrern, sondern der zusätzlich einsetzenden Flut von Flüchtlingen aus den besetzten Gebieten des Ostens. In Gelsenkirchen z. B. konnten zwar innerhalb eines Jahres, zwischen 1945 und 1946, rund 10000 Wohnungen im Zuge der Selbsthilfe wie auch behördlicher Unterstützung wieder instandgesetzt werden, es blieben aber immer noch viel zu wenige. Im Schnitt entfielen auf eine Wohnung trotz dieser Bemühungen noch 5,3 Per-

8 Jeder faßte beim Wiederaufbau mit an. ▷

7 Ganze Wohnblocks waren durch Bombenangriffe plötzlich „aufgetrennt“. Solche Wohnungen waren schon aus Sicherheitsgründen unbewohnbar.

9 *In Bochum wurden bis August 1946 7000 Wohnungen errichtet. Dennoch konnte die Wohnungsnot infolge des Zustroms an Menschen nicht gelindert werden.*

10/11 *Acht und mehr Personen bewohnten häufig einen einzigen Raum von 15 Quadratmetern Größe.*

sonen, gegenüber 3,4 im Jahre 1939. Der durchschnittliche Wohnraum pro Person sank dabei von 15,3 auf 6 Quadratmeter. In Bochum standen jedem Einwohner im Juni 1945 5,7 Quadratmeter gegenüber 14,5 vor dem Kriege zur Verfügung. War das schon schlimm genug, so steigerte sich die Mißlage in dieser Stadt in den folgenden Jahren noch weiter. Obwohl bis August 1946 rund 7000 Wohnungen hinzugekommen waren, sank infolge des raschen Bevölkerungsanstiegs der Wohnraum pro Einwohner weiter: Ganze 4,2 Quadratmeter kamen zu diesem Zeitpunkt im Schnitt auf jeden einzelnen Menschen. Und Ende März 1948 waren es sogar nur 4,1 Quadratmeter. Auch in Essen nahm die Zahl der Wohnungen zu, ohne jedoch

12 *Bis zu vier Generationen lebten in einem Raum.*

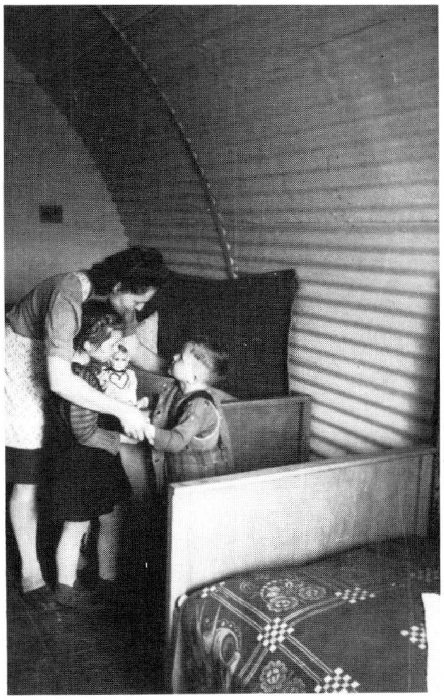

14 *40 Quadratmeter Wohnfläche bot eine Nissenhütte. Im Sommer war es in den Räumen vor Hitze, im Winter vor Kälte nicht auszuhalten.*

13 *Der Eingang einer Nissenhütte.*

nachhaltige Wirkung zu zeigen. Rechnete man hier im August 1946 auf einen Raum durchschnittlich 1,25 Bewohner, waren es am 31. März 1948 1,41 und ein Jahr später gar 1,44.

Darüber, wie die meisten Menschen der Zeit nun wirklich wohnten, ist bisher allerdings noch wenig gesagt. Nicht selten waren solche Fälle wie der der Wilhelmine D., die mit zwei Erwachsenen, vier Kindern über und zwei Kindern unter 12 Jahren in einem Raum von wenig mehr als 12 Quadratmetern untergebracht war, oder der des Franz H., der mit seiner Familie, insgesamt 10 Personen, davon sieben Kinder unter 12, eine Mansarde von weniger als 12 Quadratmetern bewohnte.

Aber was waren das oft für Unter-

15/16 *Ehemalige Lagerschuppen wurden zu „Wohnungen" umgerüstet.*

17 *Doppelstöckige Betten schufen die Möglichkeit, noch mehr Menschen in wenigen Räumen unterzubringen.*

künfte? Wenn die Menschen Glück hatten, bewohnten sie eine der unbeschädigten Wohnungen oder zumindest derjenigen, die nur leichte Schäden davongetragen hatten, auch wenn hier als Folge der undichten Dächer das Wasser manchmal von den Wänden rann. In der Regel dürften die Unterkünfte eher der des Josef N. entsprochen haben, der für sich, sieben Erwachsene und ein Kind einen ehemaligen Lagerschuppen zur Wohnung umgerüstet hatte.
Auch die Errichtung von «Nissenhütten» konnte nur einen Bruchteil der riesigen Lücke schließen. Viel zu wenige waren es. Diese Hütten hatten eine Gesamtwohnfläche von 40 Quadratmetern. Sie bestanden aus einer Wohnküche, zwei Schlaf-

18 *Auch Bunker gestaltete man zu Notquartieren um: wie hier in Gelsenkirchen, wo zunächst Flüchtlinge in diesem Spitzbunker eine vorläufige Bleibe fanden.*

19 *Essener Bürger demonstrieren gemeinsam mit ihren Kindern gegen die Beschlagnahme von Wohnungen durch die britische Besatzungsmacht im Jahre 1947.*

zimmern, einer Speisekammer (!) und einem Abstellraum. Einen Keller besaßen sie nicht. Das Besondere daran war indessen ihre «auffällige Architektur». Sie wiesen die Form eines Halbrunds auf und bestanden aus doppelwandigem Wellblech. Die beiden Kopfwände sowie die Innenwände wurden aus Mauerwerk hergestellt. Zu jeder Hütte sollte nach Möglichkeit noch rund 600 Quadratmeter Gartenland vergeben werden. Die Monatsmiete betrug im Durchschnitt 20 Mark.

Aber was nützten selbst diese geringen Hilfen, wenn Teile des knappen unbeschädigten Wohnraums von der Bevölkerung überhaupt nicht genutzt werden konnten, weil sie von den Besatzern beschlagnahmt wurden? So nicht nur in Essen, sondern auch in fast allen anderen Städten des Reviers geschehen. Einer der aufsehenerregendsten Fälle trug sich jedoch im Essener Stadtteil Kupferdreh zu. 22 Häuser hatten die Briten hier für ihre eigenen Zwecke mit Beschlag belegt. 350 Familien bekamen die Folgen zu spüren und mußten binnen einer Woche die Wohnungen räumen. Dies ereignete sich im April 1947. Die Lage auf dem Wohnungsmarkt war wegen der vermehrt in die Stadt drängenden Flüchtlinge ohnehin äußerst angespannt. Die Proteste der Bevölkerung gegen diese Praxis waren lautstark, sie änderten aber nichts.

Sehr «beliebt», weil häufig genug die einzige Möglichkeit überhaupt eine Bleibe zu finden, von einem Dach über den Kopf sei lieber nicht die Rede, waren sogenannte Kel-

20 *Flüchtlinge wohnen zu mehreren Familien in Behelfsunterkünften.*

21 *Von den Wänden der Kellerwohnungen rann häufig das Wasser. Um den einzigen Tisch herum spielte sich das ganze Leben ab.*

lerwohnungen. Hunderte, wenn nicht gar Tausende von Familien hatten ihr Domizil in ehemaligen Vorrats- und Kohlenkellern gefunden. Waren sie doch die einzig nutzbaren Räumlichkeiten, die von vielen Häusern übriggeblieben waren. Oft genug waren diese «Behelfsunterkünfte», die manchmal auf Jahre – selbst 1950 gab es noch einige – bewohnt werden sollten, ohne jegliches Tageslicht. Glücklich war, wer ein richtiges Kellerfenster sein eigen nennen durfte. Es wurde gewissermaßen zum Zentrum der Wohnung, zum Blickfang, so weit wie möglich mit Blumen ausgestattet. War es nur ein Zeichen tiefverwurzelten deutschen Spießertums oder der Ausdruck neuer, wiedergewonnener Lebensfreude? Oder wollte man ganz einfach von der übergroßen Not ablenken? Gewiß traf von allem ein wenig zu.

Nicht immer waren solche Wohnungen sicher. Die mit Rissen durchzogenen «Zimmerdecken» hatten teilweise enorme Lasten der darüber lagernden Schuttmassen zu tragen. Nur – sich darüber Gedanken zu machen, war müßig. Wo sollte man ansonsten wohnen? Es gab schließlich keine Alternativen. So wurde aus der Not eine Tugend und man pflanzte mitten in den Trümmern des Erdgeschosses sogar sein Gemüse, insbesondere Kohl, Kartoffeln und Tabak.

Auch in Bunkern fanden Familien über Jahre hinweg eine Bleibe. Sie und die Kellerbewohner wurden vordringlich in freie oder unterbelegte Wohnräume eingewiesen. Allein: es gab zu viele Bunker- und Kellerbewohner und zu wenige reguläre Wohnungen. Da halfen auch ausgeklügelte Systeme der Wohnungszuweisung nichts. In Essen z. B. hatte das Wohnungsamt ein besonderes Punktsystem zur Einstufung der Wohnungssuchenden ersonnen, um so den Grad der Dringlichkeit von «Wohnungszuweisungsanträgen» so genau wie möglich feststellen zu können. Die Wohnungssuchenden wurden nach bestimmten Merkmalen in vierzehn Gruppen mit einem Anspruch von 1 bis 5 Punkten eingeteilt. Für jedes Vierteljahr Wartezeit kam ein Punkt hinzu.

Das Leben in einer Not- bzw. Behelfswohnung war nicht einfach. Das Problem bestand ja nicht nur darin, daß fünf bis zehn Menschen in einem einzigen Zimmer hausten, quasi «aufeinanderhockten», es mangelte darüber hinaus vor allem auch an Mobiliar und Einrichtungsgegenständen, die das Zusammensein hätten erträglich gestalten können. Nicht einmal das Nötigste gab es zum Teil: da Betten Mangelware waren, schliefen manchmal bis zu vier Personen, meistens die Kinder der Familien, in einem einzigen Bett. Noch Anfang 1947 mußten fast 10 Prozent der Essener Kinder ihr Bett mit zwei weiteren Personen, rund 80 Prozent mit noch einer Person teilen. Und auch 1948 veränderte sich der Stand der Dinge kaum: anstelle von insgesamt 90 Prozent der Kinder, die kein eigenes Bett hatten, waren es jetzt «nur» noch, grob geschätzt, 80 Prozent. Der häufig einzige Tisch oder aber der Fußboden mußte für die Erwachsenen als Lagerstatt herhalten. Die speziell für Ausgebombte von Gelsenkirchen ebenso wie von anderen Städten geschaffene Einrichtung einer «Altmöbelstelle», die gebrauchte Möbel, die man aus den Trümmern geborgen hatte, an Bedürftige verlieh, konnte nur punktuelle Hilfe leisten.

Es waren nicht nur Flüchtlinge – nach Gelsenkirchen waren zwischen Mai 1945 und dem 1. Juli 1946 8484 Flüchtlinge, nur 8 Prozent aller in dieser Zeit Zugewanderten, gekommen – sondern vor allem Ausgebombte, die man in solchen Löchern fand. Da ihre Wohnungen mitsamt der Einrichtung vom Erdboden verschwunden waren, gingen sie unter die Erde und schufen sich notdürftige Be-

22 *Ein Erdloch muß als Wohnung genügen.*

23 *Glücklich war, wer in einer Kellerwohnung als einzige Tageslichtquelle ein Fenster sein eigen nennen durfte.*

In einem Aufruf der «Ruhr-Zeitung» vom 6. Oktober 1945 hieß es, daß «mit Rücksicht auf die vordringlichen Ansprüche der lebenswichtigen Industrien, insbesondere der Lebensmittelindustrie und der Kraftanlagen, ... in diesem Winter keine Kohle für den Hausbrand zur Verfügung stehen» wird.

24 *Das Volksbildungswerk der Stadt Gelsenkirchen bietet im Juni 1948 in einem Vortrag den „Ausweg" aus der Wohnungsmisere.*

25 *Karawanen von Kindern schleppen mit Brennmaterial gefüllte Säcke nach Hause. Das Brennholz haben sie mühselig aus den Trümmern geklaubt.*

hausungen. In den auf das Kriegsende folgenden Sommermonaten mögen diese Unterkünfte noch erträglich gewesen sein. Was aber geschah, wenn es Winter wurde, Feuchtigkeit und Kälte in die dunklen Höhlen kroch? In der Tat war dies ein ganz zentrales Problem. Denn die Beheizung dieser Räumlichkeiten war mehr als schwierig. Daß sie über keinen Kamin verfügten, an den man einen Ofen hätte anschließen können, verursachte weniger Schwierigkeiten als der Umstand, daß ein solcher Ofen erst einmal aufgetrieben werden mußte. Und hatte man ihn, den typischen Kanonenofen der Zeit, dessen Kaminrohr direkt aus der Fensteröffnung ragte, fragte man sich, woher der Brennstoff kommen sollte, um ihn zu betreiben – und das mitten im Steinkohlenzentrum Deutschlands.

Allerdings mußte die Kohle erst einmal abgebaut werden. Angesichts fehlender Arbeitskräfte haperte es insbesondere daran. Die Kohlenförderung sank so von einer täglichen Fördermenge von rund 400000 t vor dem Kriege auf ganze 25000 t, also rund 6 Prozent der Vorkriegsleistung, nach dem Kriege ab. Und das, was gefördert wurde, stand Privatleuten ohnehin nicht zur Verfügung, sondern wurde von den Besatzern für andere Zwecke reserviert.

Not macht bekanntlich erfinderisch. War an Kohlen nicht zu kommen, galt es «alternatives» Heizmaterial aufzutreiben. Und da waren die vielen Häuser, die in Trümmern lagen. Mitten in diesen Trümmern lagen aber auch, sofern sie nicht verbrannt waren, die zerstörten Wohnungseinrichtungen. Waren sie sonst schon nicht mehr brauchbar, so konnten sie wenigstens der Erzeugung von Wärme dienen. Holz und Brennstoff zu sammeln, wurde zur lebenserhaltenden Aufgabe der älteren Kinder. So sah man sie nach getaner Arbeit in Karawanen, die mit

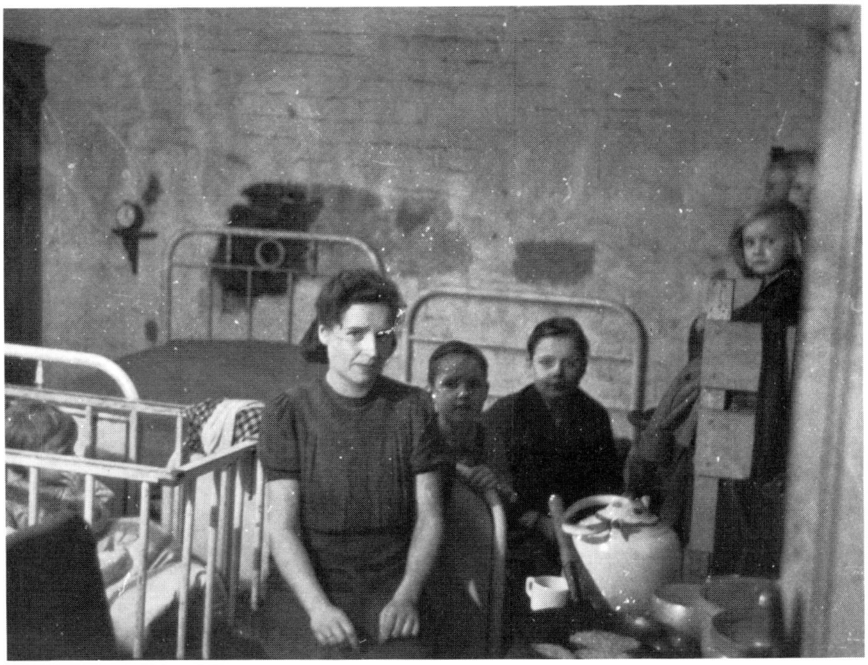

26 *Die meisten Notunterkünfte boten allenfalls Platz zum Schlafen.*

27 *Da Betten in den Notquartieren Mangelware waren, schliefen manchmal bis zu vier Personen, meistens Kinder, in einem einzigen Bett.*

Brennbarem gefüllten Säcke auf den Rücken, nach Hause ziehen, häufig mit Verletzungen an Händen und Füßen, die sie sich durch Glasscherben und scharfe Metallkanten in den Trümmern zugezogen hatten. Ausreichend waren die organisierten Mengen an Holz und sonstigen Heizstoffen aber keineswegs. Zudem würden die verfügbaren Quellen auch irgendwann einmal versiegen. Auch wenn solche Gedanken immer wieder verdrängt wurden, spätestens im Winter 1946/47, der besonders hart und kalt war – die Bevölkerung begann bald, vom «8. Kriegsjahr» zu reden –, wurden die eisigen Wohnungen zur bitteren Realität.

Die ohnehin wenigen Geschäfte waren nur noch zwischen 10 und 14 Uhr geöffnet. Schulen und Universitäten mußten teilweise ganz schließen. Wirtschaften wurden zu öffentlichen Wärmehallen umfunktioniert.

28 *In den Trümmern findet sich noch manches Brauchbare.*

Die Beschaffung von Brennstoff verlief nunmehr keineswegs ausschließlich legal. Die Diebstähle häuften sich. Und Kinder spielten dabei eine große Rolle. Da sie nicht so auffielen wie Erwachsene, wurden sie von Diebesbanden gerne als «Späher» vorgeschickt, um die Lage zu erkunden. Eine andere Szene war gleichfalls charakteristisch: Kinder lungern nachmittags an einem Bahndamm herum, der Sperrgebiet ist. Ein halbvoller Waggon mit Briketts steht da. Als die Kinder den Wagen erreichen, fallen sie förmlich über die Kohlen her, packen sie in Säcke und schleppen die viel zu schwere Last nach Hause. Und das alles geschieht im Kohlenzentrum Ruhrgebiet.

II. Die normale Not

1. Hungrig, barfuß und krank

29 *Der über die Maßen geschwollene Leib des Kindes weist auf eine typische Erkrankung der Zeit hin: Hungerödeme.*

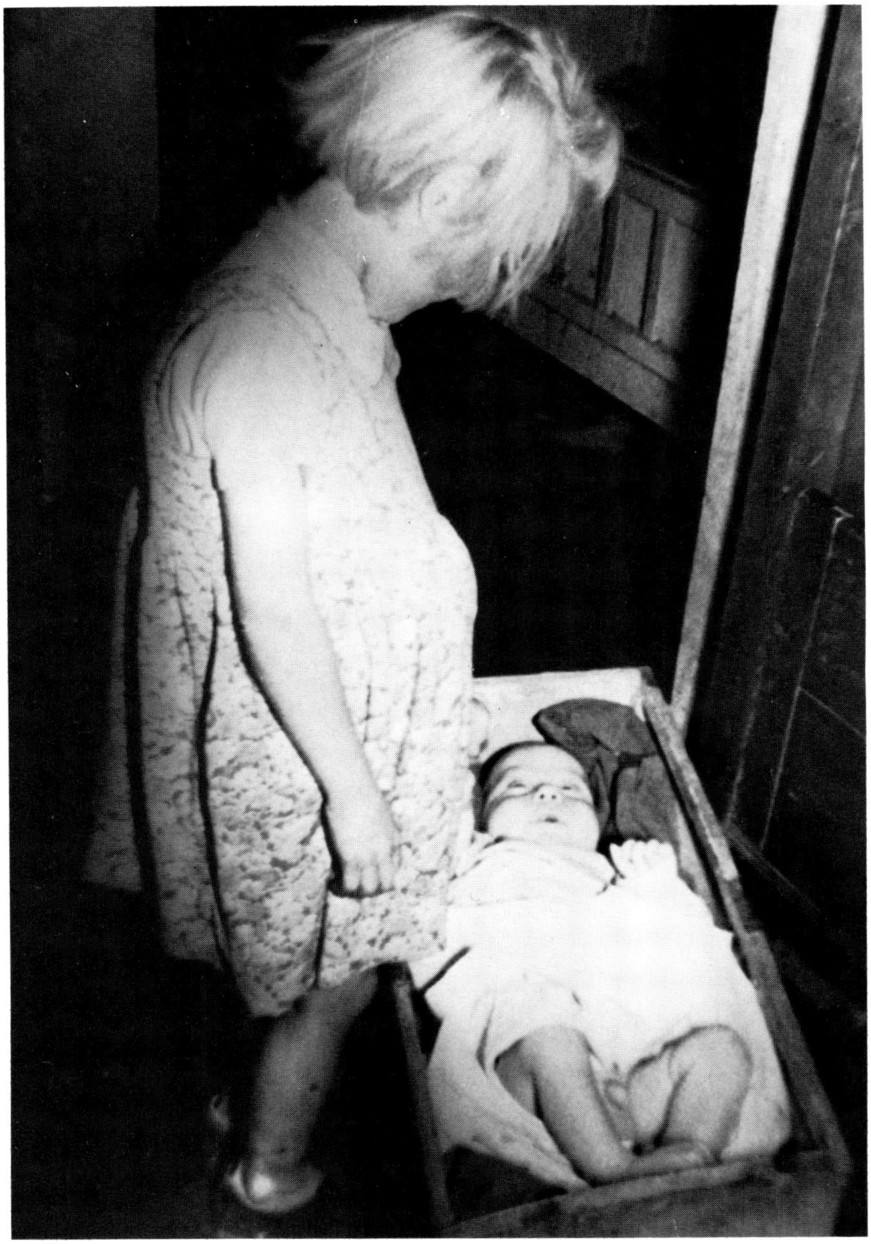

Da ist das kleine Mädchen, vielleicht zehn Jahre alt, das neben seinem wenige Wochen alten Geschwisterchen in der dumpfen Kellerwohnung steht. Was an dem Kind zuallererst auffällt, sind nicht die abgetragenen Schuhe, ist nicht das zerschlissene Sommerkleidchen, sind auch nicht die glanzlosen Haare – es ist vielmehr der stark aufgedunsene Leib des Kindes. Andere Kinder zeigen ein ähnliches Erscheinungsbild mit ihren über die Maßen geschwollenen Beinen und Füßen, in die die Riemen der als Schuhersatz dienenden Holzsandalen tief einschneiden: Hungerödeme. Das Hungerödem, so die Definition des «Großen Brockhaus», ist «eine Ansammlung von eiweißarmem Gewebswasser unter der Haut und in den Körperhöhlen, vorwiegend in der Bauchhöhle. Es entsteht durch teilweise Unterernährung bei einer falsch zusammengesetzten (Vitaminmangel) und zu knappen (Kalorienmangel) Kost, die vorwiegend Kohlenhydrate, reichlich Kochsalz, wenig Eiweiß und wenig Fett enthält...»
Es gibt viele Kinder, die in den Jahren nach dem Krieg an dieser Hungerkrankheit leiden; denn gerade bei ihnen machen sich die Mangelerscheinungen viel eher bemerkbar als bei den ebenfalls hungernden Erwachsenen. Und rund ein Viertel der Nachkriegsbevölkerung Deutschlands waren Kinder.
Hatten sich die Menschen des Ruhrgebiets, wie überall in Deutschland, schon während des Krieges daran gewöhnen müssen, nicht mehr alles kaufen zu können, und in den größeren Städten, zumindest während der beiden letzten Kriegsjahre, auch Hunger zu

erdulden, so überstieg die Hungersnot jetzt, Mitte 1945 und erst recht in den Jahren 1946/47, alles bisher Gekannte. Ende 1945 sind daher 80 Prozent aller Deutschen unterernährt, 50 Prozent leiden an Hungerschäden und 40 Prozent sind tuberkulosegefährdet.

Während der Phase des Einmarsches der amerikanischen Besatzungstruppen ins Ruhrgebiet und unmittelbar nach Kriegsende kam die offizielle Lebensmittelversorgung völlig zum Stillstand. Plötzlich endete die zentrale Lenkung der Lebensmittelverteilung. Die hierfür zuständigen örtlichen Ernährungsämter waren auf einmal ganz auf sich gestellt und sollten für die Beschaffung der für die Bevölkerung notwendigen Lebensmittel sorgen. Ein schier unlösbares Unterfangen! Hinzu kam, daß nahezu das gesamte Verkehrsnetz zusammengebrochen war. Zumindest funktionierte weder der Eisenbahn- noch der Binnenschiffahrtsverkehr, so daß die Transporte ausschließlich mit Lastkraftwagen durchgeführt werden mußten. Aber auch Lastwagen, und erst recht der dafür benötigte Treibstoff, waren Mangelware. Die noch vorhandenen Vorräte wurden so binnen weniger Tage bis auf geringe Reste geplündert.

Von Mai 1945 an begann ein allmählicher Aufbau zentraler Behörden, an der Spitze die Verwaltung für Ernährung, Landwirtschaft und Forsten. Diese war zwar auf dem Papier in der Lage, Weisungen auszugeben, aber befolgt wurden sie im Alltag kaum. So kamen Über-

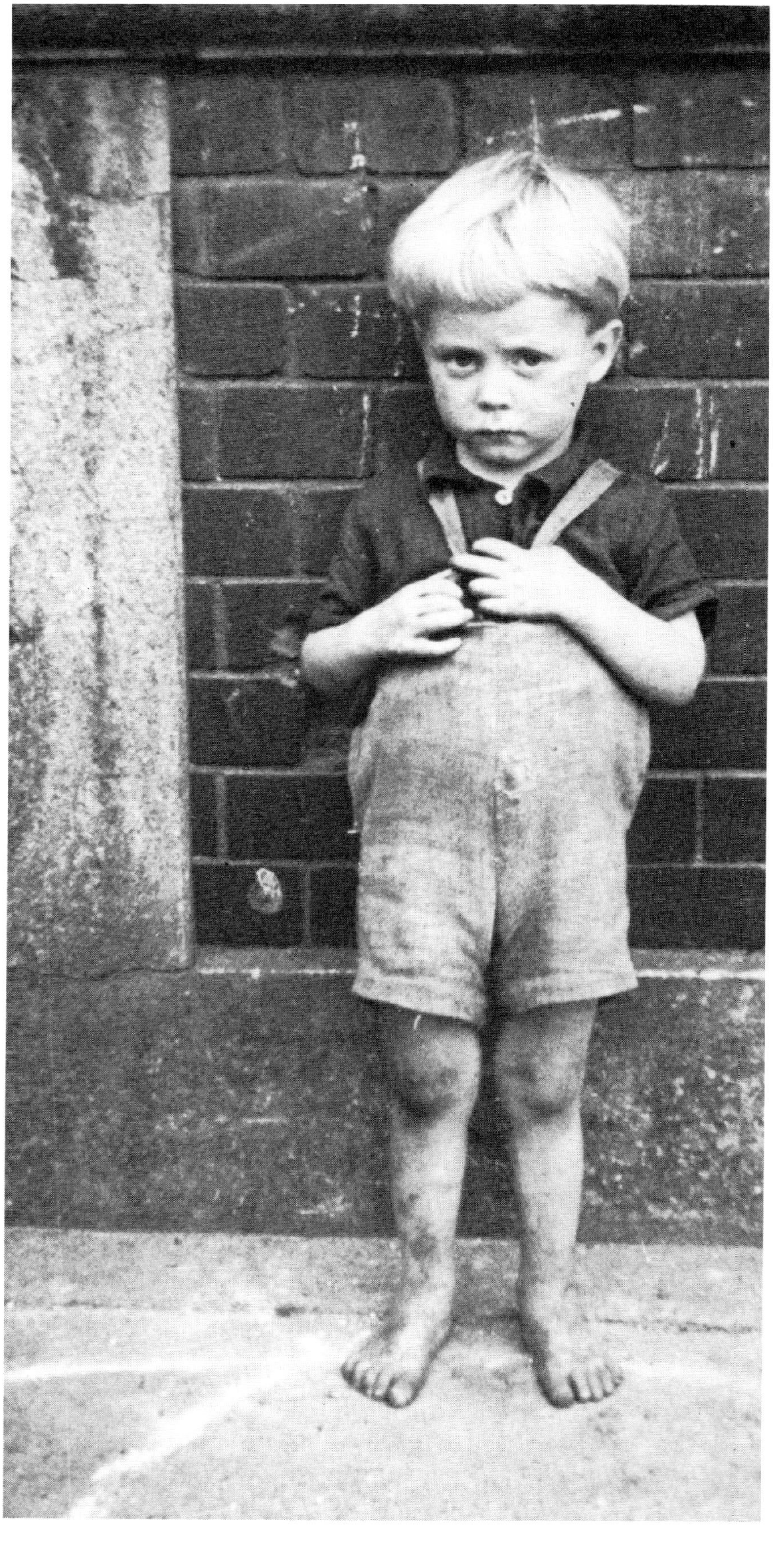

30 *Hungerödeme entstehen durch Unterernährung und falsch zusammengesetzte Nahrung. Die Ansammlung von Gewebswasser, vor allem in der Bauchhöhle, ist ein charakteristisches Zeichen dieser Erkrankung.*

31/32 *Im Frühjahr 1947, seit Januar existierte die aus dem amerikanischen und britischen Besatzungsgebiet durch Zusammenlegung entstandene «Bizone», hatte die Lebensmittelversorgung des Ruhrgebiets den absoluten Tiefstand erreicht.*

schußgebiete, von denen es im ländlichen Raum etliche gab, trotz Weisungen des Ernährungsamtes nur selten ihren Ablieferungsverpflichtungen nach. Besonders betroffen davon war das Industriegebiet an Rhein, Ruhr und Emscher. Auch die spätere Bildung eines «Hauptennährungsamtes Ruhr» und die Schaffung des «Sonderversorgungsgebietes West» konnten kaum Abhilfe schaffen.

Als die Zufuhr von Lebensmitteln Ende des Jahres 1945 wieder ansatzweise zu funktionieren schien, erwies sich nunmehr die sich plötzlich sprungartig erhöhende Einwohnerzahl der Revierstädte als ein neues Hindernis. So konnte jeder Erwachsene des Reviers im Mai/Juni 1945 mit höchstens 1000 Kalorien zur Befriedigung seines täglichen Hungers rechnen, wohingegen er im Oktober 1944 noch rund 1500 Kalorien bekommen hatte. Eine derart prekäre Lage gab es nirgendwo sonst.

Wenn man bedenkt, daß ein Mensch in Bettruhe rund 1550 Kalorien verbraucht, wenn man zudem berücksichtigt, daß ein Erwachsener, der eine durchschnittliche körperliche Tätigkeit ausübt, einen Bedarf von täglich rund 3000 Kalorien hat, wird deutlich, um welche Hungerrationen es sich handelte.

Auch die Besatzungsmächte erkannten durchaus die drohende allgemeine Hungersnot und die ihr innewohnenden Gefahren bis hin zu einem Aufruhr der Bevölkerung. So berichtete im Mai 1945 der «Manchester Guardian» von der überaus kritischen Lage im Ruhrgebiet, das dicht bevölkert sei und verhältnismäßig wenig Landwirtschaft in der Nähe der großen Städte habe. Dennoch standen Amerikaner und Briten relativ hilflos der Situation gegenüber, denn in erster Linie waren es Transportschwierigkeiten, die die Versorgung zum Problem machten, auch wenn darüber hinaus nicht in genü-

Auszug aus einem Artikel der konservativen Schweizer Zeitung «Vaterland» vom 12. Juli 1946 nach einer Reise ihres Korrespondenten durch das Ruhrgebiet: «Zerstörte Städte bieten einen gespenstigen Anblick, furchtbarer und gespenstiger aber ist der Anblick von Menschen, aus deren Gesichter(n) die letzte seelische und materielle Not spricht, die keine Hoffnung mehr zuläßt. Und in diese Städte strömen neue Menschenmassen...»

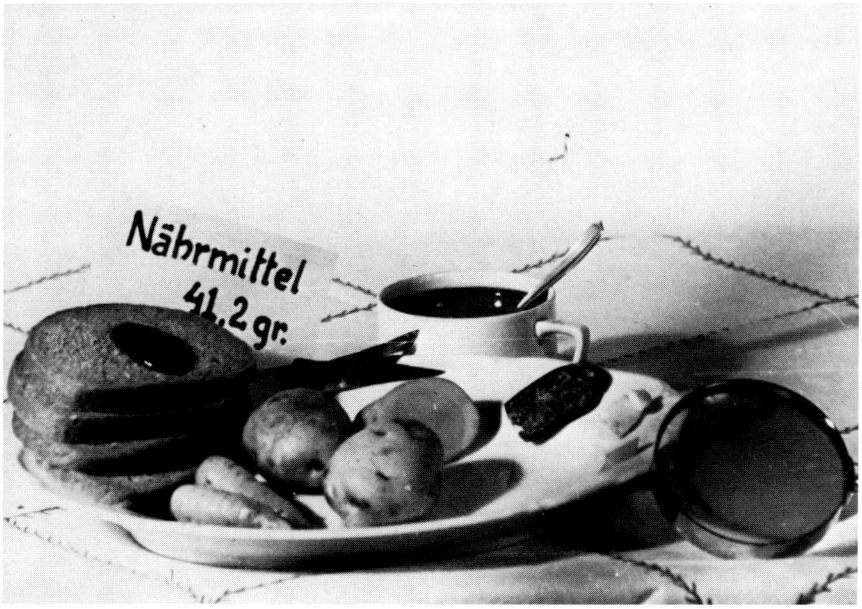

33 *Tagesration eines «Normalverbrauchers» 1946.*

Bericht der «Schweizer Illustrierten Zeitung» vom Sommer 1947 über die Situation des Industriearbeiters B. aus Gelsenkirchen:
«Die tägliche Ration beträgt für B. zurzeit 950 Kalorien. Sein Mittagsmahl... besteht aus einer fettfreien Erbsensuppe. Ein amerikanischer Experte, der einen Monat von dieser Ration lebte, nahm 25 Pfund ab.»

gendem Maße Lebensmittel zur Verfügung standen, da z. B. der Anbau von Getreide im letzten Kriegsjahr ebenso gedrosselt worden war wie die Produktion landwirtschaftlicher Maschinen, die zur Ernte hätten herangezogen werden können. Mit Rücksicht auf die Rüstung war sie um 85 Prozent zurückgefahren worden. Von daher wuchs es zu einer kaum lösbaren Aufgabe heran, etwa aus dem linksrheinischen Gebiet, in dem es einen relativen Überschuß an Nahrungsmitteln gab, diese ins Ruhrgebiet zu schaffen. Gab es doch weder genügend Züge noch Lastwagen und waren überdies sämtliche Rheinbrücken zerstört.

Wenn es den Alliierten trotzdem gelang, bis zum Herbst 1945 eine «Verbesserung» der Versorgung der Bevölkerung mit Lebensmitteln zu erzielen, so war diese nur geringfügig und auch von kurzer Dauer. Schon im Frühjahr 1946 und erst recht im Herbst des Jahres verschlimmerte sich die Lage erneut, um im Frühjahr 1947 den absoluten Tiefpunkt zu erreichen. Es gab im Ruhrgebiet zu diesem Zeitpunkt Zuteilungen, die nicht einmal 850 Kalorien erreichten. Selbst Schwerstarbeiter erhielten allerhöchstens 1350 Kalorien.

Hinzu kam, daß das Essen alles andere als abwechslungsreich war, wenngleich der «Speisezettel», d.h. die per Erlaß der britischen Besatzungsmacht für jeweils vier Wochen festgelegten Rationssätze für die verschiedenen Bevölkerungsgruppen, zunächst auch einen anderen Eindruck erweckt. Da findet man auf dem Speiseplan neben Brot, Weizenmehl und sog. Nährmitteln ebenso Kaffee-Ersatz wie Speisekartoffeln. Außer Stärkeerzeugnissen und «Kinderstärkemehl» erscheinen Fisch, Fleisch, Margarine, Butter und Käse. Vollmilch und entrahmte Frischmilch sind ebenso vertreten wie Eier, Zucker, Marmelade und Gemüse. Für einen Erwachsenen gab es eine

Der Kalorienwert der festgesetzten Rationen je Tag[1])

Zuteilungsperiode	Zeit	Schleswig-Holstein	Essen	Brit. Bes.-Gebiet	Amerik. Bes.-Gebiet	Zuteilungs-Periode	Zeit	Verein. Wirtschaftsgebiet
	1945						1947	
75	30. 4.–27. 5.	1607	927	1460		101	28. 4.–25. 5.	1120
76	28. 5.–24. 6.	1488	997	1470	850[2])	102	26. 5.–22. 6.	1192
77	25. 6.–22. 7.	1361	1126	1404	10/9[2])	103	23. 6.–20. 7.	1218
78	23. 7.–19. 8.	1187	1127	1376	1048[2])	104	21. 7.–17. 8.	1388
79	20. 8.–16. 9.	1171	1463	1386	1385[2])	105	18. 8.–14. 9.	1426
80	17. 9.–14. 10.	1524	1496	1542	846	106	15. 9.–12. 10.	1432
81	15. 10.–11. 11.	1524	1631	1476	1384	107	13. 10.– 9. 11.	1426
82	12. 11.– 9. 12.	1585	1496	1701	1521	108	10. 11.– 7. 12.	1426
83	10. 12.– 6. 1. 46	1590	1548	1699	1521	109	8. 12.– 4. 1. 48	1400
	1946						1948	
84	7. 1.– 3. 2.	1592	1537	1675	1576	110	5. 1.– 1. 2.	1400
85	4. 2.– 3. 3.	1549	1613	1694	1576	111	2. 2.–29. 2.	1317
86	4. 3.–31. 3.	1080	1056	1103	1612	112	März	1298
87	1. 4.–28. 4.	1098	1066	1042	1270	113	April	1446
88	29. 4.–26. 5.	1028	1079	1155	1264	114	Mai	1493
89	27. 5.–23. 6.	983	1194	1137	1176	115	Juni	1542
90	24. 6.–21. 7.	1063	1002	1065	1286	116	Juli	1990
91	22. 7.–18. 8.	1205	1150	1239	1221	117	August	1827
92	19. 8.–15. 9.	1205	1378	1478	1314	118	September	1846
93	16. 9.–13. 10.	1257	1442	1530	1247	119	Oktober	1836
94	14. 10.–10. 11.	1588	1245	1542	1541	120	November[2])	1836
95	11. 11.– 8. 12.	1621	1396	1547	1554	121	Dezember	1883
96	9. 12.– 5. 1. 47	1642	1334	1529	1534			
	1947						1949	
						122	Januar	1779
97	6. 1.– 2. 2.	1511	1085	1515	1534	123	Februar	1765
98	3. 2.– 2. 3.	1593	1272	1564	1556	124	März	1843
99	3. 3.–30. 3.	1611	1130	1555	1564	125	April	1815
100	31. 3.–27. 4.	1560	1324	1552	1552	126	Mai	1851

[1]) Die Kalorienwerte der Rationen in den verschiedenen angegebenen Verbrauchsgebieten sind, vor allem in der ersten Zeit nach dem Zusammenbruch, nur bedingt vergleichbar. Teilweise sind örtliche Zulagen, z.B. Gemüse, Marmelade, Quark, Eier usw. einbegriffen, teilweise nicht. Andere Unterschiede ergeben sich aus der lokal verschiedenen Qualität der Nahrungsmittel. Diese Differenzen sind jedoch so gering, daß sie das Bild im ganzen nicht beeinträchtigen.

[2]) Württemberg.

34 *Hungerdemonstration in Essen im Februar 1947.*

35 *Verhärmte Gesichter zeugen von der Not.*

andere Gewichtung der Nahrungsmittelzusammensetzung als für Kinder, die wiederum – unterschiedlichen Altersklassen zugeordnet – ebenfalls sich unterscheidende «Speisepakete» zugeteilt bekamen. Zusätzliche Rationen gab es für die arbeitende Bevölkerung, je nach Schwere der Arbeit nochmals gestaffelt, genauso wie für «werdende und stillende Mütter» bzw. Wöchnerinnen. Rund 280 g Brot, also 4 Scheiben, standen z. B. in der 93. Zuteilungsperiode, die vom 16. September bis zum 13. Oktober 1946 dauerte, täglich einem sechs- bis zehnjährigen Kind auf dem Papier zu. Um dieses Brot zu bestreichen, bekam es etwa 2,7 g «Margarine», d.h. Pflanzenfett, und 13 g Butter. Alles in allem dürfte das für den Aufstrich aller Scheiben kaum gelangt haben. Dazu gab es noch 16 g Marmelade, besser gesagt: Marmeladenersatz, der im wesentlichen süß und unter Ausschluß von Früchten hergestellt war. Hinzu kam während der gesamten Zuteilungsperiode eine Scheibe Käse. Ergänzt wurde diese Tagesration um etwas mehr als ein halbes Pfund Kartoffeln, das entspricht zwei bis drei Kartoffeln mittlerer Größe, wöchentlich ein Stück Fleisch von 110 g sowie 150 g Fisch. Zusätzlich hatte ein Kind dieser Altersgruppe Anspruch auf täglich einen Achtelliter Vollmilch sowie 70 g Gemüse und die gleiche

36 *In diesem Bunkerkrankenhaus kamen auch Kinder zur Welt.*

37 *Nicht nur dieser Frau, die aus den Ostgebieten vertrieben worden war, erging es so. Wie sie, konnten viele ihr gesamtes Hab und Gut nach dem Krieg in einem kleinen Kinderwagen unterbringen.*

Menge «Nährmittel», wozu beispielsweise Puddingpulver ebenso zählte wie bestimmte Suppenerzeugnisse.

Mit einer solchen Nahrungsmittelversorgung hätte es sich, zwar mehr schlecht als recht, aber immerhin leben lassen. Nur sah die Realität ganz anders aus. Es gab nicht immer – im vollen Umfang eigentlich nie – das, was auf dem Papier dem einzelnen zustand. Insbesondere die fett- und eiweißhaltigen Nahrungsmittel, vor allem Fleisch, Eier und Frischmilch, standen nicht ausreichend zur Verfügung. Aber auch an Gemüse mangelte es, selbst in den Monaten August, September, Oktober, in denen es eigentlich hätte zur Verfügung stehen müssen. Im ganzen Jahr 1945 gab es z. B. in Gelsenkirchen nur ein einziges Ei für jeden Verbraucher. 1946 wurden zwar sieben Eier «aufgerufen», d.h. sie hätten zum Zeitpunkt der Bekanntmachung gekauft werden können – wenn sie vorhanden gewesen wären. Da sie aber nur «auf dem Papier» existierten, mußten die Gelsenkirchener Bürger 1946 ganz ohne Eier auskommen. Und was die Versorgung mit Käse angeht, so erfolgte die ab Oktober 1946, wie es amtlicherseits hieß, infolge des «jahreszeitlich bedingte(n) Rückgang(s) des Milchanfalles und ... (der) damit verbundene(n) rückläufige(n) Käseerzeugung» nur an «Prioritätsgruppen»,

38 *Die «Schlange» wird zum Wahrzeichen der Nachkriegszeit.*

wie z. B. Werksküchen der Bergbaubetriebe und Krankenhäuser. Aber selbst die «Prioritätsgruppen» bekamen im Grunde nur «Schonkost» verabreicht: Ein Liter Graupensuppe und zwei Butterbrote machen im August 1947 das Kantinenessen der Arbeiterkategorie «Berg schwerst» aus. Die Arbeiter wurden dafür von der breiten Bevölkerung als Privilegierte beneidet. Den Kalorienausfall bei diesen wichtigen Nahrungsmitteln versuchte man z.T. dadurch auszugleichen, daß Brot- und Kartoffelrationen erhöht wurden. Wie wenig die knapp rationierte Nahrung schon nach ihrer Zusammensetzung den Bedürfnissen entsprach, geht aus dem prozentualen Anteil der einzelnen Nahrungsmittel an der Gesamternährung hervor: Ende 1946 entfielen 85 Prozent aller nominell «zugeteilten Kalorien» auf Brot, Kartoffeln und Nährmittel. Praktisch waren diese 85 Prozent jedoch nicht annähernd gesichert.

Seit Dezember 1946 traten immer häufiger Stockungen sogar in der Brotversorgung auf, nachdem bereits von September 1946 ab die Versorgung mit Nährmitteln nicht mehr voll aufrechterhalten werden konnte und schließlich monatelang völlig ausfiel. Während der Engpaß in der Brotversorgung zwischen Juni und August 1946 allmählich überwunden werden konnte, stockte ab Juli plötzlich die Fleischzufuhr. Hinzu kamen Schwierigkeiten bei der Kartoffeleinkellerungsaktion im Winter 1946/47, eine Notlage, die im ganzen Land Nordrhein-Westfalen auftrat. Ein absoluter Tiefpunkt – eine mehrwöchige extreme Kältewelle war gerade überstanden – war schließlich im Frühjahr 1947 erreicht.

Dieser Winter hatte sich als der härteste seit Jahren erwiesen. Die für die Lebensmittelversorgung überaus wichtigen Wasserwege waren über Wochen hinweg zugefroren. Fehlende Lokomotiven und Waggons hatten eine einfache Verlagerung des Transports auf die Schiene unmöglich gemacht. Eine

39 *Man steht nach Nahrungsmitteln an.*

große Zahl von Zügen hatte gleichzeitig festgelegen, war mit Kesselschäden infolge der übergroßen Belastungen reparaturbedürftig, konnte nicht fahren, weil Weichen einfroren, Gleise verschneiten. Die Seehäfen waren vollgestopft mit Nahrungsgütern, die auf ihren Abtransport warteten und zu verfaulen, zu verderben drohten. Und die Menschen litten immer größeren Hunger. Immer häufiger kam es deswegen zu regelrechten «Hungerdemonstrationen» und sogar zu Streiks als Folge der fehlenden Nahrungsmittel. Die Menschen wehrten sich. Das Vertrauen der deutschen Bevölkerung in die Politik der Besatzungsmächte sank Zug und Zug. Begonnen hatte es schon im Dezember 1946 und Januar 1947 mit Protestkundgebungen in Nürnberg, Hannover, Hamburg und Stuttgart. Am Montagmittag des 3. Feburar 1947 hatte schließlich die gesamte Belegschaft der Kruppwerke in Essen die Arbeit niedergelegt, weil, wie der «Spiegel» in seiner Ausgabe vom 8. Februar 1947 berichtete, «die Versorgung im Ruhrgebiet und besonders in Essen in den letzten Wochen geradezu katastrophal geworden ist.» Und die Streikwelle rollte weiter. Als ein Teil der Streikenden gar die Verstaatlichung von Großbetrieben und Volkskontrolle über die Versorgung mit Nahrungsmitteln forderte, setzten die britischen Militärbehörden ein Verbot weiterer Streiks und Demonstrationen durch.

Der Sommer 1947 brachte eine vorübergehende Besserung. Im darauffolgenden Winter indes wiederholte sich das Dilemma. Ab Januar 1948 war Fleisch fast gar nicht mehr zu haben. Fast zur gleichen Zeit, nämlich von November 1947 an, blieb die Versorgung mit Fett nahezu völlig aus. Über ein Vierteljahr mußte sich die Bevölkerung Gelsenkirchens und umliegender Ruhrgebietsstädte schließlich mit einem völligen Versagen der Fettbelieferung abfinden.

In Essen fehlte es darüber hinaus

an Milch. Auch Brot war in Bäkkerläden nicht mehr zu haben. Erneut gingen die Menschen auf die Straße.

Diese Entwicklung rief auch die neuen politischen Organisationen und Gremien auf den Plan, die es deutscherseits mit Genehmigung der Briten auf Gemeindeebene, somit auch in den Städten des Reviers, seit September 1946 gab. Schon Mitte 1946 kommt es in verschiedenen Städten zu Protesten und Aufrufen, in denen seitens der Kommunalpolitiker auf die miserable Ernährungslage der Bevölkerung und die zu erwartenden Folgen hingewiesen wird. Immer wieder bittet man die lokalen Militärregierungen, sich mit aller Kraft für eine baldige Verbesserung der Lage einzusetzen. Vergebens! Immer wieder hören die Ruhrgebietsbewohner nur Versprechungen, ohne daß sich etwas ändert. Auch die Oberbürgermeister und Oberstadtdirektoren der Ruhrgroßstädte, die angesichts der Versorgungslage am 18. Oktober 1946 zu einer Konferenz in Dortmund zusammentreffen, können wenig bewirken. Es geht weiter abwärts! Die Situation verschärft sich mehr und mehr. Als die Entwicklung im Winter 1946/47 den absoluten Tiefpunkt erreicht hat, wird auch auf Seiten der politischen Vertreter des Ruhrgebiets der Ton rüder: Man bittet die britische Besatzungsmacht nicht mehr nur um Hilfe, man greift an, nimmt Schuldzuweisungen vor.

Erst ab März 1948 setzen die Zufuhren allmählich wieder ein und führen zu einer laufenden Besserung der Lage. Erst aber mit der Währungsreform im Juni 1948 vollzieht sich eine grundlegende Wandlung. Aus völligem Mangel wird gewissermaßen über Nacht ein reichliches Angebot; nahezu alles ist jetzt zu kaufen.

Die prekäre Lage mußte sich zwangsläufig besonders auf die Kinder auswirken. Wichtige, für das Wachstum notwendige Nah-

40 *Endlich gibt es wieder etwas zu essen. Auch wenn es nur Kohl ist.*

Aus einer Protestentschließung der Gelsenkirchener Stadtverordnetenversammlung vom 31. März 1947: «Die Besatzungsmächte sind keinesfalls von Schuld an den traurigen Verhältnissen freizusprechen. Die oberste Kontrolle über die Heranschaffung und gleichmäßige Verteilung der Lebensmittel lag in ihrer Hand...Wir protestieren gegen die zahllosen Hemmungen und Einschränkungen, die sich aus der gegenwärtigen Macht- und Zuständigkeitsverteilung ergeben, und fordern ihre sofortige Beseitigung, weil sie die Ursache von mancherlei Übel sind.»

41 *Um die täglichen Rationen zu erweitern, wurden alle möglichen Gemüse selbst gezogen.*

42 *Selbst die «Dächer» von Kellerwohnungen werden als Gemüsegärten genutzt.*

rungsmittel fielen nicht nur zeitweise aus, sondern fehlten gänzlich und auf Dauer. Nach einer Essener Untersuchung erhielt rund ein Drittel aller Kinder dieser Stadt Anfang 1947 regelmäßig kein warmes Mittagessen. Diese Aussage war noch Anfang 1948 gültig. Bedenkt man, daß nur 7800 Schulkinder die Basis dieser Untersuchung ausmachten, so dürfte diese Zahl in Wahrheit noch viel höher gelegen haben. Noch schlimmer traf es allerdings Kleinkinder und Säuglinge: Selbst die ohnehin schon äußerst knappe Milchversorgung – jeder Säugling sollte laut Plan täglich einen Viertelliter Milch bekommen – war für sie nicht immer gesichert. In den Bunkerkrankenhäusern der frühen Nachkriegszeit zur Welt gekommen, wurden diese häufig unerwünschten Erdenbürger zum Teil überwiegend mit Steckrüben nur mühsam am Leben gehalten. Hinzu kam die schlechte Ernährung der Mütter bereits während der Schwangerschaft, deren – laut Lebensmittelkarte garantierte – zusätzliche Versorgung mit Nahrungsmitteln zumeist auch blasse Theorie blieb, so daß, wie ein zeitgenössischer Beobachter berichtet, die Babys ausgezehrt sind, «noch ehe sie das Licht der Welt erblickt haben, sie haben Hunger schon im Mutterleib gelitten. Ihre Gesichter gleichen denen von bösen Greisen, die in einem langen Leben vieles, vieles erfahren haben, nur nichts Gutes.»

Das Ausbleiben von Warenlieferungen an die Städte des Reviers im Zusammenhang mit Transportschwierigkeiten ebenso wie einfach nicht vorhandene Lebensmittel war nur eine Seite des Problems, die andere war die Weitergabe der Nahrungsmittel, die die Städte letztendlich doch erreicht hatten, an den «Endverbraucher».

Seit Kriegsende herrschte im Ruhrgebiet wie in allen anderen Teilen des ehemaligen Deutschen Reiches eine totale Bewirtschaftung aller

43 *Die Ärmsten der Armen suchten nach Eßbarem inmitten der Trümmerlandschaft.*

Handelsgüter. Jeglicher freie Handel war verboten; Bezugsscheine und Berechtigungskarten beherrschten das Bild. Auch Lebensmittel gab es nur über solche Bezugsscheine. Zwar waren diese «Lebensmittelkarten» nichts eigentlich Neues mehr, war dieses «Berechtigungssystem» doch während des Krieges schon praktiziert worden, neu war indessen die Tatsache totaler Bewirtschaftung. Waren zu Zeiten des Krieges z. B. Kartoffeln und Gemüse, am längsten Fisch, für lange Zeit praktisch von der Bewirtschaftung ausgeschlossen und frei erhältlich, so änderte sich dies jetzt grundlegend. Die «Schlange» wurde damit zum Wahrzeichen der Zeit.
Da man nie wußte, ob die «aufgerufenen» Lebensmittel auch in ausreichenden Mengen zur Verfügung standen, begaben sich die Menschen frühzeitig an die «Geschäfte» und Ausgabestellen, um ja noch etwas ergattern zu können. In der sich nach und nach herauskristallisierenden Arbeitsteilung der Familie der Nachkriegszeit ist das Anstehen nach Brot und anderen Nahrungsmitteln häufig die Aufgabe der älteren Kinder, die nicht mehr schulpflichtig sind. Das gilt besonders dann, wenn es Mädchen sind und sie weder einen Arbeits- noch einen Ausbildungsplatz ihr eigen nennen können. Dabei kam es oft vor, daß diese Kinder – nur um das Notwendigste an Eßbarem nach Hause zu bringen – seit dem frühesten Morgen bis zum Mittag nahezu zwölf Stunden «Schlange» standen. Umgekehrt mußte der Mißerfolg stets einkalkuliert werden. Mit leeren Händen nach Hause zu kommen, war keine Seltenheit.
Die Verpflegung «auf» Lebensmittelkarten allein war, in Sonderheit angesichts der ständig auftretenden Schwierigkeiten und Engpässe, zum Leben zu wenig und zum Sterben zu viel. Es mußten andere Wege und Kanäle gefunden werden, an Nahrungsmittel zu gelan-

gen. Und es gab diese. Es ist nicht ganz richtig, wenn bisher der Eindruck entstanden sein sollte, die totale Bewirtschaftung habe dazu geführt, daß keine anderen «Quellen» existiert hätten, an Lebensmittel zu kommen.

Da gab es zuallererst einmal die Möglichkeit der «Selbstversorgung». Der Begriff «Selbstversorger» war auf jeder Lebensmittelkarte zu finden. Er umfaßte eigentlich alle jene Menschen, die, sei es als Nebenerwerb oder aber als Hauptberuf, Landwirtschaft in irgendeiner Form betrieben. Davon gab es aber nicht allzuviele. Diese Art der Selbstversorgung ist deshalb hier nicht gemeint. Vielmehr soll «Selbstversorgung» hier heißen, daß, wo es eben ging, jeder sein Stückchen Garten selbst bestellte. Und diese Gärten waren überall zu finden: an Bahndämmen, hinter dem Haus, in den Ruinen – kein Fleck Erde blieb ungenutzt. Jack Jones, parlamentarischer Sekretär und Stellvertreter Lord Pakenhams, des englischen Ministers für die besetzten Gebiete, der das Ruhrgebiet besuchte, erzählte auf einer Pressekonferenz, wie er in Gelsenkirchen gesehen habe, daß die Bevölkerung zwischen den Gräbern eines Friedhofes Gemüse zog. Man pflanzte Kartoffeln ebenso wie Kohl und Tabak und erhöhte damit die Tagesration der Familie. Auch hier waren es nicht selten die älteren Kinder, nun wiederum die Jungen, in deren Aufgabenbereich die «Landwirtschaft» fiel. Die Bewachung solchen Ackerlandes war aber nicht immer ganz einfach; denn andere, vornehmlich des nachts, versuchten unberechtigterweise davon zu profitieren.

Eine weitere Möglichkeit, zusätzliche Nahrung zu ergattern, war das «Hamstern». Auf dem Lande war es anders als in den Städten: hier herrschte durchaus kein Mangel an Nahrungsmitteln. Wenn der offizielle Transport der lebenswichti-

44 *Vollbepackt kehren die Menschen aus dem Münsterland von der «Hamsterfahrt» heim. Um etwas «hamstern» zu können, bedarf es jedoch der Gegenwerte.*

gen Güter aus dem Münsterland oder vom Niederrhein ins Ruhrgebiet nicht funktionierte, obschon sich diese Landwirtschaftsgegenden in unmittelbarer Nachbarschaft befanden, was lag näher, als diesen Transport für den Eigenbedarf selbst zu übernehmen?
Den Anfang hatten im Frühjahr und Sommer 1946 die «Kartoffeltrecks» gemacht, die die «Stuttgarter Zeitung» im Juni 1946 schilderte:

und vielleicht noch im Bergbau beschäftigt war, der verfügte über «Deputatkohle», d.h. kostenlosen Hausbrand für den Eigenbedarf. Die Kohle wurde für manchen zur Hauptgrundlage der Existenz. Kinder und Frauen wurden gerne auf Hamsterfahrten geschickt. Sie passierten reibungsloser die Kontrollen als Männer, sie behandelte man weniger streng; denn Hamstern war bei Strafe verboten. Und fiel man einmal auf der Rückreise von

«Quer durch die britisch besetzte Zone Deutschlands ... geht seit vielen Wochen ein seltsamer Zug vor sich, der in seiner Unbeirrbarkeit an die Gesetzmäßigkeit des Vogelzuges erinnert. Auch die Menschen, die hier ziehen, folgen einem Gesetz: dem Gesetz des Hungers und der Not.
Eigentlich ‹steigt› man nicht in den Zug. Man stürmt den Zug. Viele Hunderte warten bereits zwei und drei Stunden vor der Abfahrtszeit auf dem Endbahnhof, in dem der Zug eingesetzt wird. Sie springen auf die Trittbretter, hängen sich an die Türgriffe, erobern sich einen Platz. Sie sind rücksichtslos und haben verschlossene Gesichter. Menschen, die sonst teilnehmend sein können, werden brutal. Es ist eine Vision, die sie treibt. In ihrer Vorstellung entsteht ein Bild: Sie sehen sich selbst mit leerem Rucksack heimkommen. Hoffnungsvoll blicken ihnen Kinderaugen entgegen, über die jähe Enttäuschung fällt ...
So fahren sie und ihr Ziel ist die Gegend zwischen Celle und Lüneburg. Sie stehen viele Stunden im rüttelnden Zug, sie übernachten in Wartesälen, bleiben sechsunddreißig, achtundvierzig und mehr Stunden ohne Schlaf, sie kommen tagelang nicht aus den Kleidern, sie müssen Stolz und Scham in sich niederzwingen, wenn sie von Hof zu Hof gehen, und sie fühlen sich mit ihren Kartoffeln nicht sicher, ehe sich die Wohnungstür hinter ihnen geschlossen hat.
Die Kartoffeltrecks überschneiden sich: Aus dem Industriegebiet kommen sie herauf bis Celle und Uelzen, von Schleswig-Holstein fahren sie bis Uelzen und Celle. Sie berichten einander und manches verschweigen sie voreinander, denn sie sind zugleich Kameraden und Konkurrenten.»

Die Menschen fuhren in den folgenden Monaten und Jahren indessen nicht nur aufs Land, um Kartoffeln «einzuheimsen». Das Land bot vieles mehr. Man mußte es nur «organisieren». Dies war freilich nicht so einfach, wie es auf den ersten Blick schien. Wie sollte man die Hamsterfahrten bezahlen? Was hatte der Hamsterer an Tauschmitteln? Wer aus dem Ruhrgebiet kam

einer Hamsterfahrt einer Razzia der Polizei «zum Opfer» war man nicht nur die Hamsterware und sein Tauschgut los, sondern durfte überdies noch mit einer Bestrafung rechnen.
Wer diese Möglichkeiten nicht hatte, suchte zumindest nach Nahrungsmittelresten – solche, die von der Ernte auf den Feldern übriggeblieben oder aber, schlimmstenfalls, in Mülltonnen noch zu finden waren. Auf diese Weise dürfte, nach Hamburger Beobachtungen, jeder Mülleimer in dieser Stadt täglich mindestens ein halbes dutzendmal durchsucht worden sein.
Noch ein Weg, an Eßbares zu gelangen, bot sich in Form des Schwarzmarktes dar. Hier gab es alles, was das Herz begehrte, auch wenn es sonst nirgendwo zu finden war. Es war allerdings eine Frage des Preises. Wer nicht selber Schwarzmarktgeschäfte machte, die mit noch strengeren Strafen als das Hamstern belegt wurden, hatte wohl kaum die Möglichkeit, die horrenden Summen zu zahlen. Auf dem Gelsenkirchener Schwarzmarkt kosteten z. B. ein Pfund Butter 180 Mark, ein Pfund Zucker 60 Mark, ebensoviel wie ein drei Pfund schweres Brot. Für ein Pfund Kaffee verlangte man im Schnitt 500 Mark. Ein Pfund Speck zu kaufen, hieß 220 Mark zu bezahlen und für einen Zentner Kartoffeln wurde man gar 600 Mark los. Eine Zigarette kostete 6 und ein Schluck Schnaps 10 Mark. Man konnte aber auch zusätzliche Lebensmittelkarten erstehen, das Stück für 220 Mark. Nur – wer tat das wirklich? Zwar traf es manch eine Familie besonders hart, wenn Lebensmittelkarten verlorengegangen waren – wurden sie doch nicht ersetzt –, aber was bekam man andererseits schon dafür? Außerdem konnte der Käufer einer solchen Karte nie ganz sicher sein, ob es sich nicht um eine Fälschung handelte. Feste Preise lassen sich für den Schwarzmarkt in Deutschland insgesamt, der ein facettenreiches Bündel von individuellen und kollektiven Überlebensstrategien, aber auch von Kriminalität und Geschäftssinn darstellte, jedoch nicht nennen. Die Preise eines jeden Produkts waren ganz von den Marktmechanismen des Mangels bestimmt.
Nach einer Meinungsumfrage, die die der «Spiegel» am 4. Januar 1947

veröffentlichte, beteiligte sich angeblich fast die Hälfte der Bevölkerung in der britischen Zone am verbotenen Schwarzhandel. Die Umfrage dürfte aber kaum den Realitäten entsprochen haben. Auch wenn die Hälfte der Bevölkerung gelegentlich einmal ein «Geschäft» auf diese Weise machte – auf Dauer konnten sich auf diesem Wege nur ganz wenige am Leben halten.

Den meisten langte das Einkommen einfach nicht für derartige Transaktionen. Vorausgesetzt, es war überhaupt ein Einkommen in der Familie da. D.h. wenigstens ein Familienmitglied mußte über Arbeit verfügen, um für den Lebensunterhalt auch der anderen sorgen zu können.

Zwischen 66 und 95 Pfennig schwankte damals nach dem Krieg der Bruttostundenlohn eines Arbeiters. Die Masse brachte es auf einen durchschnittlichen Nettolohn von 130 bis 140 Mark monatlich. Dabei lag der Durchschnittsverdienst im Ruhrgebiet durchweg niedriger als in vergleichbar großen Städten des ehemaligen Reiches.

Dies hätte wohl gereicht, einen Fünfpersonenhaushalt, d.h. zwei Erwachsene und drei Kinder im Alter von sechs bis zehn Jahren, zu ernähren. Etwa die Hälfte des Verdienstes, nämlich rund 70 bis 80 Mark wären erforderlich gewesen, wenn wir einmal davon ausgehen, alles, was über Lebensmittelkarten offiziell angeblich zu beziehen war, wäre auch ausreichend verfügbar gewesen. Knapp wurde es bei solchen Einkünften aber schon, wenn man nicht nur die Aufwendungen für Essen und Trinken betrachtet: Um alles in allem den einfachsten Bedarf decken zu können, benötigte eine Arbeiterfamilie rund 180 Mark im Monat. Bei einem Verdienst von 140 Mark was das schon schwierig genug. Für den Einkauf auf dem Schwarzen Markt genügte es erst recht nicht.

45 *Eine Möglichkeit, zusätzliche Nahrung zu ergattern, war das «Hamstern» auf dem Lande.*

Zu dem Dilemma fehlender Nahrungsmittel gesellte sich aber auch noch, insbesondere in den Wintermonaten 1945/46, noch stärker aber in dem besonders harten Winter 1946/47, die Schwierigkeit ausreichender Bekleidung. Wer «ausgebombt» war, hatte häufig sein gesamtes Hab und Gut einschließlich sämtlicher Kleidungsstücke eingebüßt; nur was die Leute auf dem Leib trugen, war ihnen vielfach geblieben. Aber auch diejenigen, denen nicht alles genommen worden war, lebten oft in großer Bedürftigkeit; war doch in der vorhergehenden Kriegszeit der Kauf von Kleidungsstücken von Jahr zu Jahr schwieriger geworden. Die Neuanschaffung von Kleidern, Anzügen, Mänteln, Wäsche und anderer Kleidungsstücke war zwar nicht gänzlich unmöglich, ohne Glück oder «Beziehungen» – ganz abgesehen von der Frage, wie die Kosten gedeckt werden sollten – gelang es aber wohl kaum, etwas Neues zu bekommen. Dies wird deutlich, wenn man z. B. sieht, welche Mengen an Textilien einer Großstadt wie Bochum Ende April 1946 zur Verfügung standen. Ganze 208 Mäntel konnte der Einzelhandel zu diesem Zeitpunkt den Männern und Frauen anbieten. Demgegenüber stand ein tatsächlicher Bedarf von 23100 Mänteln. Bei Kindermänteln hatte das örtliche Wirtschaftsamt einen Bedarf von 9500 Stück ermittelt. In den Beständen der Bochumer Geschäfte fanden sich nicht mehr als 676. Und bei Kinderkleidern sah es nicht anders aus. 11000 Kleidchen hätte man eigentlich gebraucht, es gab allerdings nur 1855, von denen der überwiegende Teil, nämlich 1499, allenfalls für den bevorstehenden Sommer geeignet war. Und für alle Babys der Stadt zusammen blieben lediglich 55 Mützchen.

Der Aufruf der Militärbehörden vom 2. Oktober 1945 zur zwangsweisen Abgabe von Kleidern und Wäsche durch die Bevölkerung war nur als Hilfe für einige Gruppen bedürftiger Personen gedacht ge-

Stadt Gelsenkirchen
Der Oberstadtdirektor
~~Der Oberbürgermeister~~

St.A. 60/5

Es wird gebeten, im Antwortschreiben vorstehende Bezeichnung anzugeben

2 – Anlagen

I 30

(21) Gelsenkirchen, den 27. Juni 1946
Postschließfach Nr. 71-74 u. 78

Preise der Lebensmittel

Herrn

Dr. Ledermann

Gelsenkirchen

Unter Bezugnahme auf Ihren tel. Anruf übersende ich Ihnen einige Zahlen für Ihre morgige Besprechung.
Anliegende Tabellen geben Aufschluß über die Höhe der Zuteilungen in einer Woche für die verschiedenen Verbrauchergruppen.
Nachstehend die Preise für Lebensmittel:

Brot	0,50 – 0,60 RM für 3 Pfd. (je nach Weizenanteil)
Butter	3,60 pro kg
Schmalz (nur für Schwerarbeiter)	3,20 " "
Margarine	1,96 " "
Käse (Quark)	1,20 " "
Nährmittel (Gries, Flocken u.a.)	0,90 " "
Zucker	0,80 " "
Kaffee-Ersatz	0,90 " "
Marmelade	2,20 " "
Frischfleisch	2,20 " "
Wurst	3,60 " "
Kartoffeln	0,20 " "
Fisch	
Salzheringe	0,82 " "
eingelegte Heringe	2,80 " "
(z.Zt. kostet Z.B. eine Zuteilungseinheit 3,10 RM)	
Frischfisch	1,60 " "
Gemüsekonserven	2,50 – 3,05 pro kg
Frischgemüse	
Möhren	1,40 pro kg
Stielmus	0,30 " "
Salat	0,20 " Kopf
Blumenkohl	2,50 " kg
Schlangengurke	4,00 " Stück
Vollmilch	0,24 je Ltr.
entr. Frischmilch	0,11 " "

Die Arbeiterlöhne schwanken zwischen einem Brutto-Stundenlohn von 0,66 und 0,95 RM. Die Unterschiede ergeben sich sowohl im Bergbau als auch in der eisenverarbeitenden Industrie und im Bauhandwerk aus den Gruppierungen: ungelernte, angelernte und Facharbeiter. Der Netto-Lohn ist unterschiedlich je nach Familienstand und Kinderzahl, sowie nach der Art der Abzüge (Steuern, Sozialleistungen) bei den einzelnen Kategorien (Bergarbeiter, Hüttenarbeiter, Bauarbeiter). Die große Masse der Arbeiter hat

heute

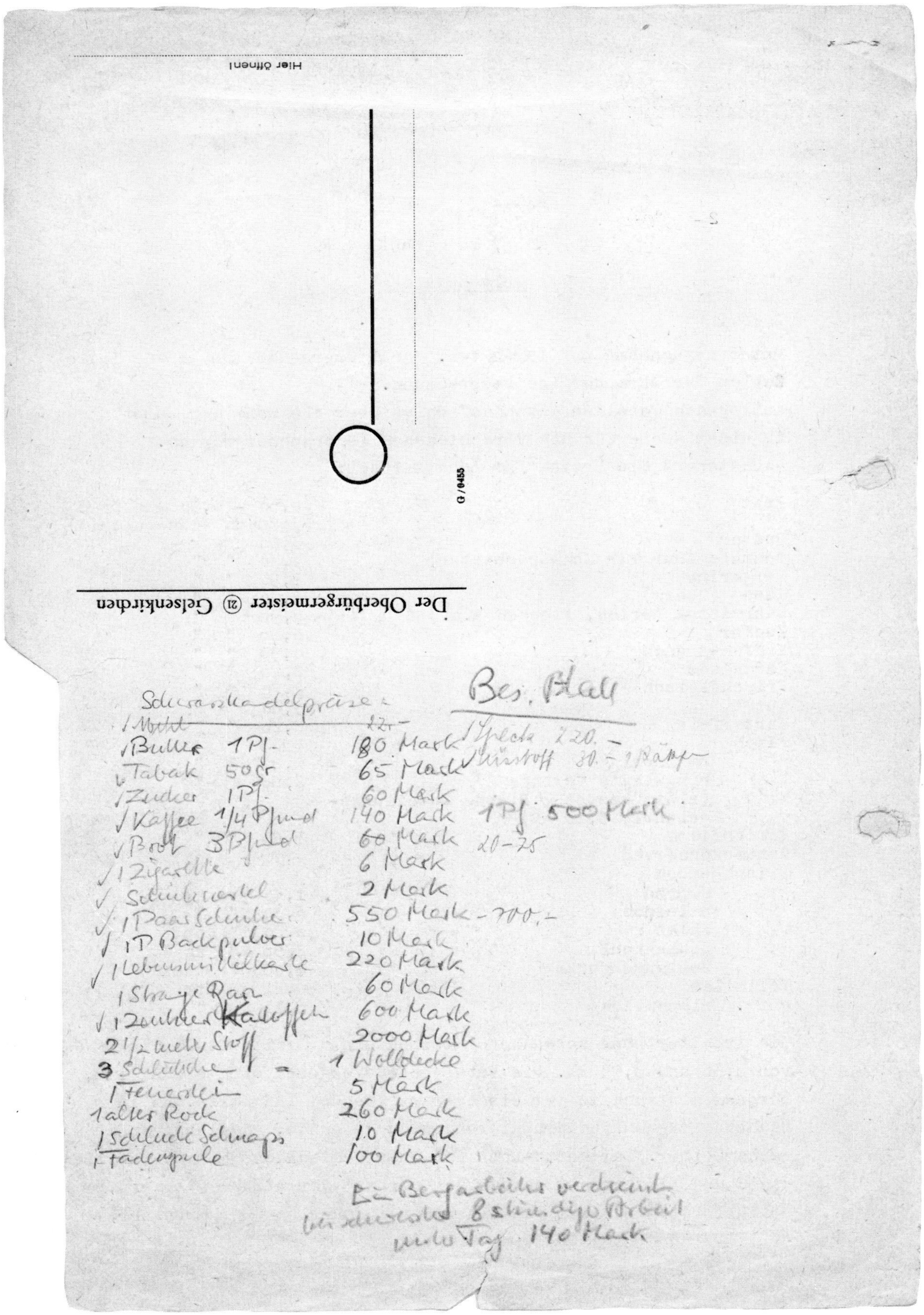

Hier öffnen!

G/0455

Der Oberbürgermeister (21) Gelsenkirchen

Schwarzhandelpreise:

Bes. Blatt

~~1 Mehl 22,-~~

1 Butter 1 Pf.	180 Mark	1 Speck 220.–
1 Tabak 50 gr	65 Mark	Süßstoff 30.– 1 Päckchen
1 Zucker 1 Pf.	60 Mark	
1 Kaffee 1/4 Pfund	140 Mark	1 Pf 500 Mark
1 Brot 3 Pfund	60 Mark	20–25
1 Zigarette	6 Mark	
Schnürsenkel	2 Mark	
1 Paar Schuhe	550 Mark – 700,-	
1 P Backpulver	10 Mark	
1 Lebensmittelkarte	220 Mark	
1 Stange Rasi	60 Mark	
1 Zentner Kartoffeln	600 Mark	
2 1/2 mtr Stoff	2000 Mark	
3 Schläuche =	1 Wolldecke	
1 Feuerstein	5 Mark	
1 alter Rock	260 Mark	
1 Schluck Schnaps	10 Mark	
1 Fadenspule	100 Mark	

Ein Bergarbeiter verdient bei schwerster 8 stündiger Arbeit unter Tag 140 Mark

46 *Der Unterschied zwischen «normalem» Handel und Schwarzmarkt: ein Pfund Butter kostete im Handel 1,80 Mark, auf dem Schwarzmarkt dagegen 180 Mark. Nur – im Handel war sie absolute Mangelware.*

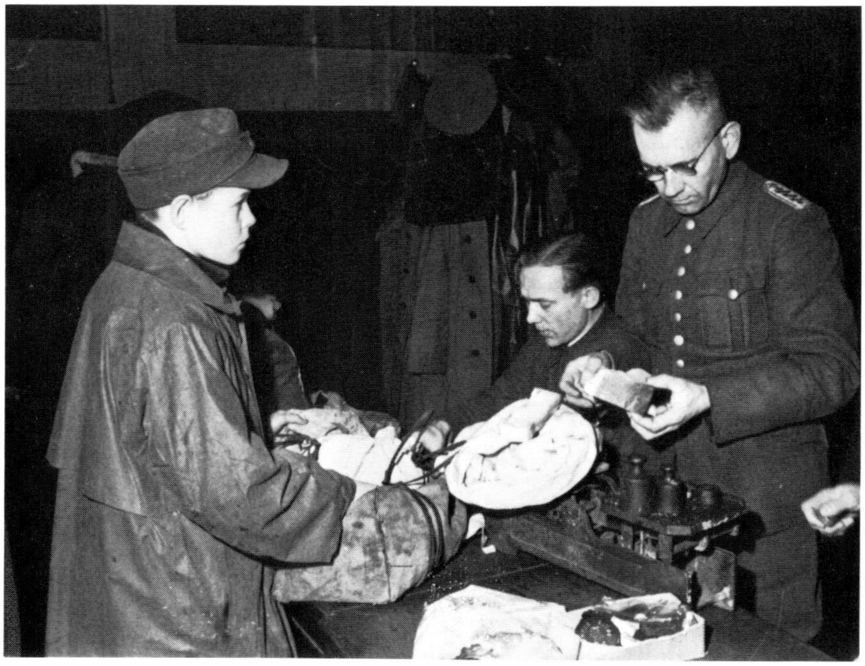

47 *Bei einer Polizeirazzia wird ein jugendlicher Hamsterer aufgegriffen. Nicht nur die Hamsterware ist er los, er muß überdies noch mit einer Bestrafung rechnen.*

49 *Schwarzmarkt: Besatzer und Besetzte tauschen. Es gilt in erster Linie die «Zigarettenwährung».*

48 *Die Polizei nimmt eine Razzia auf dem schwarzen Markt in Gelsenkirchen-Bulmke vor.*

wesen, u.a. auch für heimkehrende Kriegsgefangene und «unentbehrliche... Arbeiter... im Bergbau und Transportwesen, die ohne hinreichende Kleidung nicht leistungsfähig arbeiten können». Die allgemeine Not linderte er nicht. So blieb die Masse der Bevölkerung erneut auf Selbsthilfe angewiesen, obschon diese nur unter außerordentlich erschwerten Bedingungen möglich war.
So einfach, wie es die Unterschrift eines in einer Schweizer Illustrierten 1947 erscheinenden Bildes, das eine junge Frau «auf Hamsterfahrt» zeigt, vorgibt, war es dann wohl doch nicht. «Sie trägt selbstgemachte Kleider, die sie aus einer Wolldecke schneiderte», heißt es da. War die Wolldecke zur Herstellung von Kleidung überhaupt entbehrlich, so hieß es überdies, eine

Vielzahl weiterer Hindernisse zu überwinden, bis die gewünschten Kleidungsstücke fertiggestellt werden konnten. Zuerst mangelte es in aller Regel an Nähgarn, das Ende 1945 ebenso wie als Meterware gehandelte Stoffe für geraume Zeit mit einer Verkaufssperre belegt wurde. Lediglich auf den Schwarzmärkten wurde es feilgeboten, in Gelsenkirchen zum Preis von 100 Mark die Spule, genauso unerschwinglich für den Durchschnittsbürger wie Kleidungsstücke selbst, die man dort gebraucht erwerben konnte, oder gar Stoff, für den Schwarzhändler sich für 2,5 m 2000 Mark zahlen ließen. Dann gab es so gut wie keine Nähnadeln, geschweige denn Nähmaschinen, die die Arbeit nicht nur erleichtert, sondern teilweise erst ermöglicht hätten.

All das machte nicht nur die vollkommene Herstellung neuer Kleidungsstücke beinahe unmöglich, es schränkte zudem die Änderung gebrauchter Kleider erheblich ein. Vor allem ehemalige Wehrmachtsuniformen waren unmittelbar nach dem Krieg häufig die einzige greifbare Kleidung auch für die Zivilbevölkerung. Diese mußten nicht nur im Hinblick auf Größe und Ästhetik in den meisten Fällen geändert werden – vor allem, wenn sie nunmehr von Frauen und Kindern getragen wurden. In erster Linie mußten sie in ihrem Erscheinungsbild als Uniformen unkenntlich gemacht werden; denn das Tragen von Uniformstücken der ehemaligen deutschen Wehrmacht war per Verordnung der britischen Militärregierung verboten. War das Abtrennen militärischer Erkennungszeichen wie Kragenspiegel und Rangabzeichen auch ohne Nadel und Faden möglich, so mußte man sich angesichts von Knöpfen an Jacken und Mänteln allerdings fragen, wie man diese durch neutrale ersetzen konnte, ohne Nadel und Garn zu besitzen. So blieb die Anweisung der Briten zunächst häufig unerfüllt und zog weitere Anordnungen nach sich, die verschärft auf das Verbot hinwiesen.

Besonders gravierend wirkte sich das Fehlen von Schuhen aus, was wohl auch die Erwachsenen, in erster Linie aber die Kinder traf. Wie ohnehin diese das ganze Ausmaß der extrem negativen Lage des Ruhrgebiets besonders zu spüren bekamen. Nicht nur bei Säuglingen fehlte es an Wäsche, auch die Heranwachsenden entbehrten nahezu aller notwendigen Dinge. Stichprobenartige Untersuchungen der Städte Essen und Düsseldorf aus den Jahren 1947 und 1948 belegen dies; nicht ganz 40 Prozent der Kinder verfügten zu Beginn des Jahres 1947 nicht einmal über ein einziges Paar Schuhe, in Düsseldorf waren es im Dezember 1946 etwas weniger als 25 Prozent. Etwa 32 Prozent der Essener und 21 Prozent der Düsseldorfer Kinder besaßen keinen Wintermantel. Fast die Hälfte der Kinder mußten in Düsseldorf trotz des Winters auf wärmende Strümpfe verzichten. Diese Zahlen zeigen das überaus große Elend auf, dem die Kinder ausgesetzt waren. Sie weisen aber auch auf die verschärfte Situation im Ruhrgebiet hin; denn wenngleich in dem an das Ruhrgebiet grenzenden Düsseldorf schlimme Zustände herrschten, waren die Verhältnisse in Essen wesentlich zugespitzter. Für die stark zerstörten Städte des Ruhrreviers dürften derartige Gegebenheiten charakteristischer gewesen sein. Selbst zu Anfang des darauffolgenden Jahres 1948 war die Situation der Essener Kinder teilweise immer noch schlechter als die der Düsseldorfer im Jahr zuvor: Noch rund 29 Prozent besaßen keinen Wintermantel und 21 Prozent hatten nach wie vor kein einziges Paar Schuhe.

Die Auswirkungen des Mangels auf den einzelnen unterstreichen erst recht den Ernst der Lage. Da scheitert 1946 die dringend notwendige Erholungsverschickung – wie sie von den Wohlfahrtsverbänden, z. B. Caritas und Innere Mission, schon frühzeitig nach dem Krieg organisiert werden – eines zehnjährigen Jungen, dessen Gesundheit außerordentlich angegriffen ist, am fehlenden Schuhwerk dieses Kindes. Da können Kinder die zumeist ja auch nur dürftig oder gar nicht beheizten Wohnungen an kalten und regnerischen Tagen nicht verlassen und müssen z. B. in der Schule fehlen. In Duisburg sind es 1946/47 bis zu 20 Prozent der Schulkinder. Da benutzen, solange es noch nicht zu kalt ist, Kinder auch auf kürzesten Strecken die recht bald wieder fahrenden ersten Straßenbahnlinien. Sie fahren «schwarz» und werden dabei ertappt. Und nur, weil sie keine Schuhe haben.

Um die Not erträglicher zu gestalten, entwickelt man Hilfslösungen, wo es geht: Mehrere Kinder benutzen beispielsweise ein und dasselbe Paar Schuhe abwechselnd. Die einzigen vorhandenen Kleidungsstücke werden mindestens einmal wöchentlich gewaschen – sofern es Waschmittel und Seife gibt. Mütter schneiden zu klein gewordene Schuhe auf, damit ihre Kinder sie auch weiterhin tragen können. Umgekehrt war eine Weitergabe von Kleidung herausgewachsener Kinder an jüngere so gut wie ausgeschlossen, da das wenige Vorhandene restlos aufgetragen war. Und kam einmal ein Kleidungsstück zu Schaden, so war seine Ausbesserung bzw. Reparatur äußerst schwierig: einerseits ein regelrechter bürokratischer Vorgang, wie eine Bekanntmachung des Gelsenkirchener Oberstadtdirektors vom 22. Januar 1947 belegt, in der darauf hingewiesen wird, daß die Schuhmacher der Stadt zwischen dem 3. und 8. Februar nur Kinderschuhe reparierten, insbesondere die von schulpflichtigen Kindern; die Eltern könnten in dieser Zeit Schuhe «bei der Schuhwerkstatt, bei der sie in die Kundenliste einge-

50 *Kleidung wurde nach dem Krieg zur gefragten Ware. In Bochum stand im April 1946 einem Bedarf von rund 23000 Mänteln ein Einzelhandelsbestand von rund 200 Stück gegenüber. Auch zerrissene Kleidungsstücke trug man deshalb weiter.*

tragen sind, zur Instandsetzung» abgeben. Andererseits waren lange Wartezeiten in Kauf zu nehmen, die dann in vielen Fällen verkürzt wurden, wenn der Handwerker z. B. mit zusätzlichen Lebensmittelrationen, die die Kunden mitbrachten, zu schnellerer Erledigung der Arbeit «angeregt» werden konnte, obschon der Materialmangel es zum Teil wirklich verhinderte, Reparaturen überhaupt auszuführen. Es war einfach nichts da! Es sei denn, man bemühte auch hier den Schwarzen Markt. Vielfach gelangte das Handwerksmaterial auf dunklen Wegen auch direkt an «lohnende» Privatkunden. Am häufigsten war der Hinweis zu vernehmen, daß das Reparaturmaterial, gleich was an Kleidung auszubessern war, mitzubringen sei.

Betroffen von diesen Schwierigkeiten waren aber nicht nur die einzelne Familie und die dazugehörigen Kinder, auch öffentliche Einrichtungen wie Waisenhäuser hatten darunter zu leiden. Allzuoft waren sie auf Geheiß der Nationalsozialisten während des Krieges evakuiert worden. Dabei war es ihnen zur Pflicht gemacht worden, den Kindern alle Ausrüstungsgegenstände, darunter auch Kleidung und Schuhe, mitzugeben. Diese Dinge gingen in den Kriegswirren und bei der Rückkehr dann häufig verloren. Da angesichts der großen Zahl verlassener und verwahrloster Kinder die Kinderheime und Waisenhäuser gerade nach dem Krieg wieder voll belegt waren, die dorthin kommenden Kinder in der Regel aber nur das besaßen, was sie auf dem Leibe trugen, ermangelten diesen Einrichtungen nahezu alles. Nur – an Hilfe war auch für sie zunächst nicht zu denken.

Daß solchermaßen erhebliche Erkrankungen nicht ausblieben, erscheint nur logisch. Ungeheizte, enge, nicht zu Wohnzwecken geeignete Räumlichkeiten, einseitige und unzureichende Ernährung, schließlich noch fehlende Kleidung mußten zwangsläufig bei einem Großteil der Bevölkerung die

51 *Viele Kinder mußten auch in der kälteren Jahreszeit barfuß gehen. Auch um die Sauberkeit war es nicht immer zum besten bestellt. Daß solchermaßen auch Erkrankungen nicht ausblieben, ist kein Wunder.*

Krankenziffer in die Höhe schnellen lassen.
In Gelsenkirchen erkrankten z. B. im ersten Halbjahr 1946 17,4 von 1000 Einwohnern an Lungentuberkulose, wohingegen es zwischen Oktober und Dezember 1945 erst 5,3 waren. Auch Typhus und Paratyphus stiegen, wie das Hygiene-Institut Gelsenkirchen Mitte 1946 mitteilte, beständig an. Hatte man vor dem Krieg im Ruhrgebiet jährlich zwischen 100 und 150 Fällen festgestellt, so waren es in den ersten vier Monaten des Jahres 1946 allein schon 744. Auch Geschlechtskrankheiten nahmen bedrohlich zu: um das Zwei- bis Dreifache gegenüber der Vorkriegszeit.

Am 14. Januar 1947 schildert der Gelsenkirchener Medizinalrat Dr. Grütter vor der Stadtverordnetenversammlung den Gesundheitszustand der Bevölkerung dieser Stadt wie des gesamten Ruhrgebiets. Im allgemeinen, so berichtet der Arzt, habe die Dauer der Krankheitsfälle zugenommen, «verursacht durch den herabgesetzten Ernährungs- und Kräftezustand sowie deren weitere Folgen: Starke Zunahme der Tuberkulose, erhebliche Gewichtsabnahme, Zunahme der Magen- und Darmkrankheiten und der rheumatischen Erkrankungen».

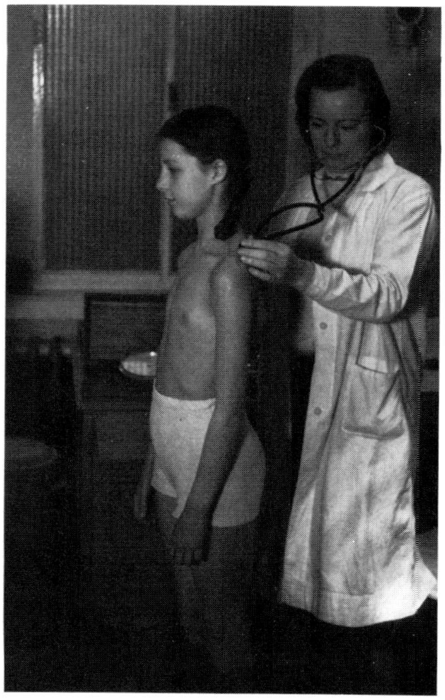

53 *Die Gesundheitsbehörden führten seit 1946 eingehende Untersuchungen der Kinder durch. Schutzimpfungen gegen Typhus und Tuberkulose wurden zur Regel.*

52 *Besonders gravierend wirkte sich das Fehlen von Schuhen auf die Kinder aus. In Essen waren es Anfang 1947 fast 40 Prozent der Schulkinder, die nicht einmal ein einziges Paar Schuhe besaßen.*

«Der zahlenmäßig nachgewiesene Krankenstand ist in Gelsenkirchen am auffälligsten, der Gesundheitszustand am stärksten reduziert gegenüber der ganzen Provinz Westfalen», heißt es in einer 1947 herausgegebenen Druckschrift.
Auch Kinder und Jugendliche mußten alle diese Krankheiten ertragen: 17 Prozent der Schulanfänger und 22 Prozent der Schulentlassenen standen im Frühjahr 1946 im Verdacht, an Tuberkulose erkrankt zu sein. Sie erduldeten dies ebenso wie das Hauptübel der Zeit zwischen 1945 und 1947: die Krätze. Mehr als 3500 Fälle von Krätze wurden allein von Oktober bis Dezember 1945 in Gelsenkirchen festgestellt. Fast zwei Prozent der gesamten Bevölkerung dieser Stadt litten unter dem schrecklichen Juckreiz dieser Schmutzkrankheit. Bei den Kindern waren Anfang 1946 sogar 10 Prozent davon befallen. Die mit den insgesamt beklagenswerten Lebensverhältnissen einhergehenden negativen hygienischen Zustände waren hierfür vor allem die Ursache.
«Volksschule mit 1800 Kindern ohne sanitäre Anlagen» lautete eine Schlagzeile der «Neuen Ruhr-Zeitung» vom 31. August 1946. Gemeint war eine Schule im Nordwesten Essens, an der es keine einzige Toilette gab und die Kinder ihre Notdurft hinter dem Gebäude im Freien verrichten mußten. Nicht viel anders geht es bei ihnen zu Hause zu, etwa in den Kellerwohnungen. Ebenso schlecht steht es um die individuelle Sauberkeit. Noch im Oktober 1947 gehen dem Kultusministerium von Nordrhein-Westfalen Berichte zu, aus denen hervorgeht, daß Kinder zu den routinemäßig in den Schulen durchgeführten Untersuchungen erscheinen, «ohne am Körper gewaschen zu sein», selbst wenn es sich um

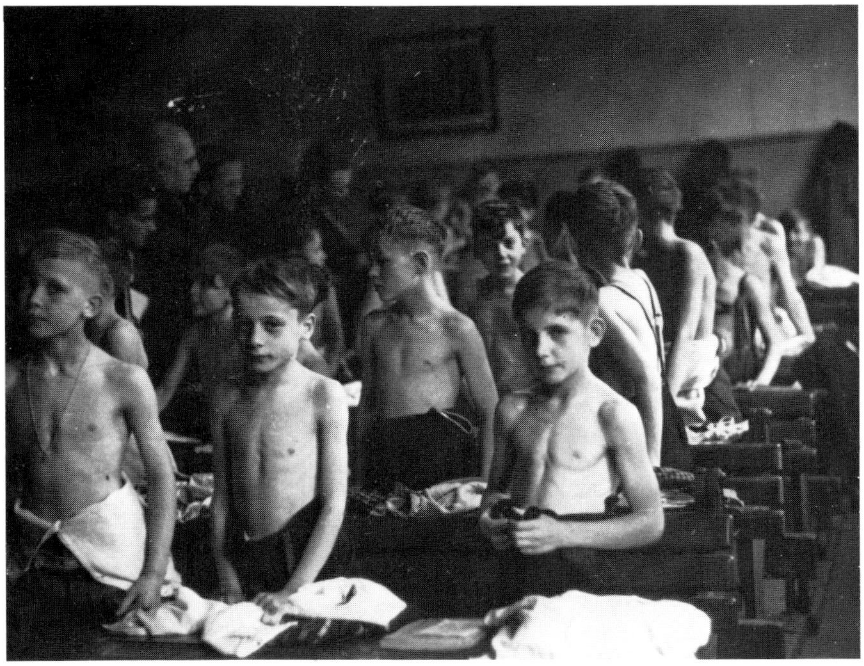

54 *Fast alle Kinder leiden an Erschöpfungszuständen. In Gelsenkirchen etwa sind 50 Prozent aller Schulkinder unterernährt.*

55 *Weihnachten 1947: wenigstens zum Fest sollen die Kinder einmal satt sein.*

Kinder aus «ordentlichen» Familien handelt. Die Gründe sind einfach: es gibt monatelang weder Waschmittel noch Seife. Kein Wunder, daß es zu Erkrankungen kommt!
Und sind es nicht direkte Erkrankungen, von denen Kinder und Erwachsene heimgesucht werden, so leiden sie zumindest alle unter Erschöpfungszuständen, was sie wiederum zu potentiell Kranken macht, denn ihre Anfälligkeit ist groß. 50 Prozent aller Gelsenkirchener Schulkinder haben Untergewicht.
Von seiten der deutschen Behörden – die Briten hatten entsprechend dem Prinzip der «indirect rule» (indirekte Verwaltung), das auf ihren kolonialen Erfahrungen fußte, recht früh die meisten administrativen Aufgaben an deutsche Stellen delegiert – bemühte man sich, Gegenmaßnahmen zu ergreifen, wo es möglich war. So wurden z. B. eigens zur Behandlung von Hautkrankheiten, insbesondere aber der Krätze, im Verlauf des Jahres 1946 spezielle Hautbehandlungsstellen eingerichtet. Die Behandlung erfolgte nach Überweisung durch einen Arzt kostenlos. Nicht immer war sie jedoch möglich; denn Transport- und Versorgungsprobleme schlugen sich auch hier nieder. Wie überhaupt großer Mangel an Medikamenten herrschte. Wenn etwas verfügbar war, dann hauptsächlich Lebertran, Insulin, Wurmmittel und, gegen die Krätze, in erster Linie Seife. Auch wenn es davon kaum genug geben konnte. Immerhin gelang es z. B. in Gelsenkirchen, binnen nicht einmal eines Jahres die Zahl der an Krätze erkrankten Kinder um drei Viertel zu senken. Auch führten die Gesundheitsbehörden seit 1946 Schutzimpfungen gegen Typhus wie auch gegen Tuberkulose durch. Angesichts der schlechten Ernährungslage war es aber darüber hinaus kaum möglich, den Kranken irgendeine, im Grunde dringend

gebotene bessere Ernährung zukommen zu lassen. Manche an sich harmlose Krankheit schleppte sich auf diese Weise über die Maßen lange hin und wurde so häufig zum chronischen Leiden.
Gleichwohl forderten die Entbehrungen auch ihre Opfer – und das im wahrsten Sinne des Wortes. Im Januar 1947 mehrten sich zunehmend die Fälle derer, die buchstäblich verhungerten. Auch insgesamt hatte die Sterblichkeit in der Bevölkerung nach dem Krieg erheblich zugenommen. Insgesamt starben fast überall im ersten Nachkriegsjahr – prozentual gesehen – fast doppelt so viele Menschen wie in vorhergehenden Friedenszeiten. Es war ein erheblicher Anteil an Kindern unter den Toten. 20 Prozent aller Kinder, die 1945 in Gelsenkirchen geboren worden waren, starben noch im gleichen Jahr. Danach verlief die Entwicklung weniger drastisch. Aber selbst 1949 starben immer noch mehr als 8 Prozent aller Babys, viermal so viele wie heute in der Bundesrepublik Deutschland.

2. Familienlos

Das Leben der Nachkriegskinder war aber nicht nur geprägt vom Kampf ums tägliche Überleben, es war allzuoft auch noch zusätzlich durch ein Maß an Verantwortung für die Familie bestimmt, wie es von Kindern in normalen Zeiten niemals erwartet werden würde. Denn die Familienverhältnisse der ersten Nachkriegsjahre waren im Ruhrgebiet, wie auch anderswo auch, alles andere als intakt.
Da ist z.B. die Familie R. aus Gelsenkirchen. Die Mutter ist, zusammen mit zweien ihrer Kinder, beim Einmarsch der Amerikaner im April 1945 durch Artilleriebeschuß ums Leben gekommen. Ein Sohn der Familie ist im Krieg gefallen. Übriggeblieben sind der Vater und vier Kinder, 1945 im Alter von drei bis dreizehn Jahren. Eines der Kinder hat im übrigen, ebenfalls beim Einmarsch der Besatzungstruppen, solche Verletzungen davongetragen, daß es Zeit seines Lebens behindert sein wird. Da der Vater als Bergmann kein allzuhohes Einkommen hat, ist es ihm unmöglich, für sich und seine Familie eine Haushaltshilfe anzustellen. So bleibt der ältesten Tochter Gisela, bei Kriegsende knapp 13, nichts anderes übrig, als den Haushalt zu führen und die jüngeren Geschwister zu versorgen. Die Schule, die sie eigentlich besuchen müßte, wird zur unwichtigen Nebensache. Was damit aus der Zukunft eines solchen Kindes wird, verdrängt man. Warum sollte man über die Zukunft nachdenken? Die Lebensperspektive des «kleinen Mannes» ist zwischen 1945 und 1948 ohnehin nur auf den nächsten Tag gerichtet.
So wie im Falle der Familie R. sah das Los vieler Familien dieser Zeit aus. Nicht immer waren es die fehlenden Mütter, die die Familiensituation kennzeichneten, weitaus öfter dürften die Väter gefehlt haben: gefallen, vermißt, in Kriegsgefangenschaft! Die, wie Sozialwissenschaftler es ausdrücken würden, «mutterzentrierte Restfamilie» war entstanden. Etwa bei einem Drittel aller Familien dürfte nach Kriegsende, zumindest zeitweilig, ein Elternteil gefehlt haben. Noch Anfang 1947 gaben 22 Prozent der Essener Schulkinder bei einer Umfrage an, daß in ihrer Familie der Vater fehle. Die Folgen waren jedoch immer die gleichen: Die Kinder wuchsen als «Schlüsselkinder» auf. Sie waren auf sich gestellt, mußten sich teils sogar selbst versorgen. Anstatt unter Führung und Lenkung der Eltern allmählich heranzuwachsen, mußten insbesondere ältere Kinder plötzlich Erwachsenenrollen übernehmen, denen sie im Grunde noch nicht gewachsen waren.
Auch wenn weder Vater noch Mutter fehlten, fiel ihnen häufig die Aufgabe zu, die Familie mit den lebensnotwendigsten Dingen zu versorgen oder aber wenigstens zur Erhaltung der bloßen Existenz beizutragen. Denn in vielen Familien waren die Väter entweder invalide, d.h. als Folge des Krieges konnten sie nicht mehr arbeiten, oder aber erwerbslos. Bei der schon erwähnten Essener Untersuchung gaben 10 Prozent aller Kinder dies an. Die Mütter waren ihrerseits aufgrund der familiären Situation sehr oft nicht in der Lage, einer bezahlten Beschäftigung nachzugehen. Aber selbst wenn sie es wollten, fiel

56 *Das Leben der Nachkriegskinder war nicht nur geprägt vom Kampf ums tägliche Überleben, es war allzuoft auch noch durch ein Maß an Verantwortung bestimmt, wie es sonst nur von Erwachsenen erwartet werden würde.* ▷

es ihnen schwer, eine geeignete Beschäftigung zu finden. Lag doch im Ruhrgebiet der Anteil arbeitsloser bzw. arbeitssuchender Frauen durchweg höher als im übrigen Deutschland. So hatten zwangsläufig die älteren Kinder der Familie vielfach die ganze Last und Sorge für das Überleben der gesamten Familie zu tragen.

Der Fall des ältesten Sohnes der Familie S., zu der außer den Eheleuten S. sieben Kinder zählten, verdeutlich das beispielhaft:

«Der Vater der Kinder ist mit einem chronischen Nierenleiden, das er sich im Kriege zugezogen hat, aus der Gefangenschaft entlassen und hat bisher nur ganz selten seiner Arbeit auf der Zeche nachgehen können. Dazu ist die Familie total ausgebombt. Sie bewohnt jetzt wieder zwei Räume... Bisher haben alle 8 Personen – eins der Kinder ist noch im russisch besetzten Gebiet und die Eltern wissen nichts von ihm – sich mit zwei Betten und einem Sofa begnügen müssen... Die Kleidung der Kinder ist grösstenteils auch umgekommen... Das jüngste Kind war dazu 10 Wochen sehr schwer krank und kann sich bei (der) schlechten Ernährung nur schlecht erholen.» (Schreiben des Caritas-Verbands Gelsenkirchen vom Juli 1946)

Der älteste Sohn ist der einzige Verdiener der Familie. Nach längerem Suchen hat er eine Anstellung als Arbeiter in einer Glasfabrik gefunden.

Die Situation der fünfzehnjährigen Helga D. ähnelt der seinen. Zwar ist sie nicht die einzige Versorgerin der Familie, der Verdienst des Vaters allein aber würde kaum ausreichen für die zehn Personen. So hilft Helga D. mit. Sie geht «Steine klopfen». Da Baumaterial rar ist, wird alles noch eben Verwertbare aufbereitet. Die Steine z. B. werden von Mörtelresten befreit, um wiederverwendet zu werden. Es ist eine mühsame Arbeit. Jeder Stein muß einzeln in die Hand genommen und mit dem Hammer bear-

57 *Helga D. hilft bei der Ernährung der Familie mit. Da Baumaterial rar ist, befreit sie Ziegelsteine von Mörtelresten. Sie erhält dafür 1946/47 25 Pfennig Stundenlohn.*

58 *Viele Kinder trugen im Krieg Verletzungen davon, die sie Zeit ihres Lebens kennzeichneten.*

beitet werden. Helga erhält dafür 25 Pfennig Stundenlohn. Ein Hungerlohn für diese harte Arbeit! Pro Monat kommt sie nämlich damit auf nicht mehr als 50 Mark, vorausgesetzt sie «pickelt» 8 Stunden täglich.

Für Helga D., den ältesten Sohn der Familie S. und Gisela R. mußte diese Aufopferung für die Familie ohne Zweifel Folgen zeigen. Eine Ausbildung, die ihnen die Zukunft gesichert hätte, kam für sie nicht in Frage. Aber es war im Ruhrgebiet um Ausbildungsplätze ohnehin nicht zum besten bestellt. Seit Ostern 1947 hatte man deshalb das freiwillige neunte Schuljahr eingeführt, in der Hoffnung, so den Lehrstellenmarkt zu entlasten, was – zumindest in einigen Regionen des Ruhrgebiets – auch tatsächlich gelang.

Spiel und Freizeit kamen für die Jugend dabei gleichermaßen zu kurz. Wenngleich man insbesondere im Hinblick auf die jüngeren Kinder trotz des materiellen Elends nicht durchweg von einer trostlosen Kindheit sprechen kann. Freilich fehlte es an Spielzeug. 80 Prozent der noch nicht zur Schule gehenden Mädchen hatten 1946 in Hamburg noch keine Puppe, der gleiche Anteil aller Kinder im gleichen Alter noch kein Kinderbuch gesehen – anders dürfte es im Ruhrgebiet wohl auch nicht gewesen sein. Gespielt wurde dennoch. Gewiß – die Ruinen der Städte waren das Zeugnis eines grausigen Krieges, jetzt – nach dem Kriege – dienten sie jedoch als phantasieanregender Spielplatz und übernahmen Funktionen, die heute künstlich geschaffenen Abenteuerspielplätzen zukommen.

Bei den Älteren taten sich mehr Schwierigkeiten auf. Sie waren stärker in den Alltagskampf eingespannt und besaßen von daher weniger Freiräume. Das Bemühen offizieller Stellen um die Altersgruppe der Jugendlichen war dafür um so größer. Schon am 30. August 1945 hatte die Militärregierung des Regierungsbezirks Münster, zu dem u.a. die Ruhrgebietsstädte Bottrop, Gladbeck, Recklinghausen und Gelsenkirchen zählen, die

59 *Für Spiel und Freizeit blieb trotz des materiellen Elends noch genügend Raum.*

lokalen deutschen Behörden angewiesen, die deutsche Jugend baldmöglichst wieder in Vereinen und Verbänden zu organisieren. Diese forderten wiederum über die örtliche Presse, die – durch die Besatzer lizensiert – schon recht bald wieder existierte, alle Interessierten auf, «Jugendgruppen für die schulentlassene Jugend bis zu 18 Jahren auf freiwilliger Grundlage zu religiösen, kulturellen oder Erholungszwecken zu bilden und zur Genehmigung anzumelden». Jugendgruppen mit militärischen oder militärähnlichen Zielen wurden von vornherein von der Genehmigung ausgenommen. Aber auch rein politische Jugendgruppen hatten – zu diesem Zeitpunkt jedenfalls noch nicht – keine Chance auf Zulassung. Die Absicht liegt auf der Hand. Die Jugendlichen sollten für neue Ideale und Ziele gewonnen werden. Dies entsprach ganz dem Konzept der Umerziehung, der «re-education». Indem man die Jugend gewann, wollte man sich der demokratischen Zukunft Deutschlands versichern. Gleichzeitig wollte man die Halbwüchsigen aber auch «von der Straße haben».

Die Jugendlichen spielten hierbei jedoch nur zögernd mit, auch wenn sich dem Aufruf folgend, tatsächlich Jugendgruppen bildeten, deren Mitgliederzahlen in den nächsten Jahren sogar ansteigen sollten. Die Jugend befand sich direkt nach dem Krieg, so die Meinung vieler führender Pädagogen der Zeit, in einer Krise – ohne Vorbilder und Maßstäbe, mißtrauisch gegenüber jeder öffentlichen Macht; denn ihr Idealismus war mißbraucht, ihr Weltbild zertrümmert worden wie die Städte, in denen sie jetzt lebten. Auch wenn die britische Besatzungsmacht dies durchaus erkannte, war es nur nach und nach möglich, dagegen anzugehen.

Fehlende Väter und Mütter und die außerordentliche physische Belastung der Kinder, die die Lücken, die Erwachsene hinterlassen hatten, füllen mußten, war die eine Seite jener beschädigten Familienverhältnisse der Nachkriegszeit, der oft zusätzliche psychische Druck, der auf den Familien lastete, die andere. In vielen Familien war es zu einer Art innerer Entfremdung gekommen.

Die Beziehungen zwischen Eltern und Kindern waren schon während der Nazizeit zum Problem geworden, da es in der Absicht der Nazis gelegen hatte, die elterliche Autorität durch die der Nazi-Partei und ihrer Jugendorganisationen zu ersetzen. Nach dem Ende des NS-Regimes hatte sich die Situation für Kinder und Jugendliche völlig verändert. Nun wurde plötzlich das in Frage gestellt und sogar bestraft, was früher richtig gewesen war und viele Eltern sogar gefördert und unterstützt hatten. Damit waren nicht nur Glaubwürdigkeit und Autorität der Eltern erschüttert, viele Jugendliche traten geradezu in Opposition zu ihren Eltern.

Dazu belastete in vielen Familien die Rückkehr des Vaters aus Krieg und Kriegsgefangenschaft die Beziehungen der Familienmitglieder untereinander. Nicht überall nahm es freilich die Dimensionen an wie im Falle der aus Westpreußen im Februar 1945 ins Ruhrgebiet geflüchteten Familie W. Die Innere Mission der Evangelischen Kirche in Gelsenkirchen schreibt, für die Familie um Hilfe bittend, am 3. Juli 1946:

60/61 *In den ersten Nachkriegsjahren fehlte es an Spielzeug. Man spielte mit den Dingen, die man vorfand.*

«Durch die lange Abwesenheit von Hause ist der Ehemann seiner Familie sehr entfremdet. Als er im vergangenen Jahr (also 1945, d. Verf.) aus der englischen Gefangenschaft entlassen wurde, konnte er über den Verbleib seiner Familie nichts erfahren. Er nahm seinen Wohnsitz in Schleswig-Holstein. Den Aussagen vieler Flüchtlinge nach, nahm er an, daß seine Familie auf der Flucht... umgekommen sei. Einen amtlichen Bescheid darüber konnte er natürlich nicht bekommen. Er hat in Schleswig-Holstein die Bekanntschaft eines jungen Mädchens gemacht, das er heiratete. Durch die von evangelischer Seite durchgeführte Suchaktion hat Frau W.... die Anschrift ihres Mannes erfahren und sich mit ihm in Verbindung gesetzt. Er ist daraufhin zu seiner Familie nach Gelsenkirchen gekommen. Die zweite Ehe ist inzwischen als ungültig aufgelöst worden. Jedoch bleibt die Tatsache bestehen, dass er sich der Bigamie schuldig gemacht hat... So verwerflich die Handlungsweise des W. auch ist, so ist... dieses... doch... gewiß kein Einzelfall.»

Oft genug standen die Kinder, die gemeinsam mit ihren Müttern oder auch allein für den Erhalt der Familie gesorgt hatten, plötzlich einem «Fremden» gegenüber, der Anspruch auf die väterliche Autorität erhob, wobei gleichzeitig auch den Kindern – wenigstens gefühlsmäßig – klar wurde, daß dieser Mann und ihre Mutter häufig nichts Gemeinsames mehr besaßen. Die Kinderfrage «Mama, was will der fremde Mann hier?» war häufig zu hören.

So schwierig ein solches Familienlos aber auch war, um so vieles einfacher gestaltete sich das Leben der Kinder solcher Familien dennoch im Vergleich zu den vielen wirklich «familienlosen» Kindern

62 *Auch wenn die Mehrzahl der Kinder 1946 weder eine Puppe noch ein Kinderbuch besitzt, hat man Spaß am Spiel. Selbst Überschwemmungen, wie hier im Gelsenkirchener Stadtteil Horst, können so ihren Reiz haben.*

63 *Spiel zwischen Ruinen.*

64 *Die Ruinen der Städte waren das Zeugnis eines grausigen Krieges. Jetzt – nach dem Kriege – dienten sie jedoch als phantasieanregender Spielplatz und übernahmen Funktionen, die heute künstlich geschaffenen Abenteuerspielplätzen zukommen.* ▷

und Jugendlichen, solchen Kindern also, die der Krieg zu Vollwaisen gemacht hatte oder die von ihren Eltern auf der Flucht oder bei der Rückführung aus der Evakuierung getrennt worden waren oder aber diese, in der Heimat angekommen, nicht wiederfanden. Und davon gab es viele – auch im Ruhrgebiet. Im Juli 1946 heißt es z. B. in dem Bericht eines kirchlichen Hilfswerks im Ruhrgebiet:

> «Der neunjährige Ostflüchtling Hans M. wurde von der Bahnhofsmission aufgegriffen. Er hatte nur eine zerlumpte Hose an und besass sonst kein Kleidungsstück. Nach seinen Angaben ist der Vater vermisst und die Mutter verstorben. Er hat keine Angehörigen und besitzt nichts.»

Anders als dieser Junge kennen viele Kinder, die auf diese Weise gefunden wurden, nicht einmal ihren Namen. Sind sie älter, hat sich für sie in der Zeit der Begriff «vagabundierende Jugendliche» eingebürgert. Man versucht, sie in Heimen unterzubringen, ihnen Arbeit zu bieten und da, wo es nötig ist – und meistens ist es nötig –, ihnen darüber hinaus Unterricht in den elementarsten Dingen zu erteilen. «Keiner hat Eltern mehr von diesen 16 bis 19 Jahre alten Jungen», berichtet ein Autor von dem Besuch in einem Heim. «Alle waren sie beim Militär, als Soldaten, als RAD-Männer (RAD = Reichsarbeitsdienst, d. Verf.) oder als Luftwaffenhelfer. Sie verstehen es zu gehorchen oder gar zu befehlen, sonst können sie nichts.»
Verbunden mit dem Begriff «vagabundierende Jugendliche», wenn nicht gar ein Synonym in der Sprache der Zeit, ist ein anderer: Jugendkriminalität. In der Tat war ein Anstieg der Straftaten von Jugendlichen in der unmittelbaren Nachkriegszeit feststellbar – häufig von Jugendlichen ohne Elternhaus und Bindung begangen. Beteiligt waren aber auch Kinder aus «normalen» Familien. Nur – was waren das für Delikte, die von Kindern und Jugendlichen verübt wurden? Ende 1946 notiert Dr. Alfred Ledermann, der Leiter der Schweizer-Spende-Aktion in Gelsenkirchen, eines humanitären Hilfswerks für Kinder und Jugendliche aus der Schweiz, den Fall eines Bäckerlehrlings, der ein Brot gestohlen hat, um dafür ein Paar Schuhe eintauschen zu können. Er muß sich ebenso vor dem Jugendgericht verantworten wie das sechzehnjährige Mädchen, eines von sieben Kindern zwischen 19 und 1½ Jahren, das einen Geldbeutel, der auf einem Flur lag, mitgenommen hatte, um anschließend hamstern zu fahren. Diebstahl von Altpapier oder das Abreißen frisch geklebter Plakate waren 1946/47 gleichfalls von Jugendlichen oft begangene «Straftaten». Denn das Altpapier konnte man im Zeichen des Papiermangels wieder verkaufen. Das Überleben war damit wieder ein Stückchen gesichert.
Auch Eisenbahndiebstähle von Jugendlichen waren an der Tagesordnung. Sie nahmen bis zum Winter 1947/48 sogar derartige Formen an, daß die Eisenbahnverwaltung durch Vorträge in Schulen ver-

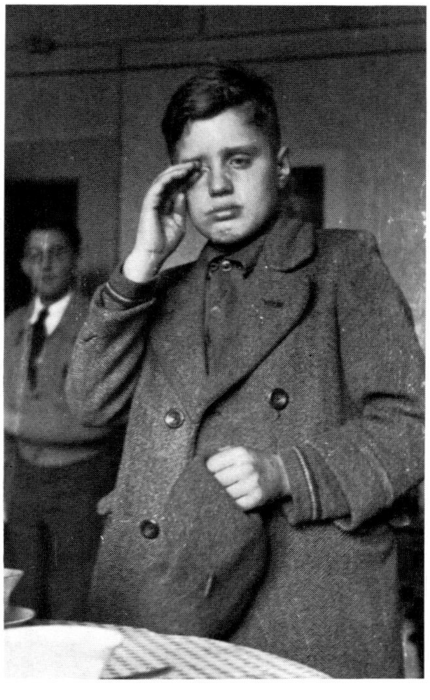

◁◁

65 *Kirchliche Hilfswerke, so die Caritas, versorgen zunächst die «familienlosen» Kinder mit dem Notwendigsten.*

◁

66 *Die Kinder- und Jugendkriminalität nimmt in der unmittelbaren Nachkriegszeit sprunghaft zu. Werden diese Jugendlichen gefaßt, beweist das Weinen häufig, daß sie sich wie Erwachsene geben, ohne wirklich erwachsen zu sein.*

67 *Der Krieg hatte unzählige Kinder zu Vollwaisen gemacht. Es gab auch Kinder, die, von ihren Eltern auf der Flucht oder bei der Rückführung aus der Evakuierung getrennt, plötzlich irgendwo mutterseelenallein auftauchten.* ▷

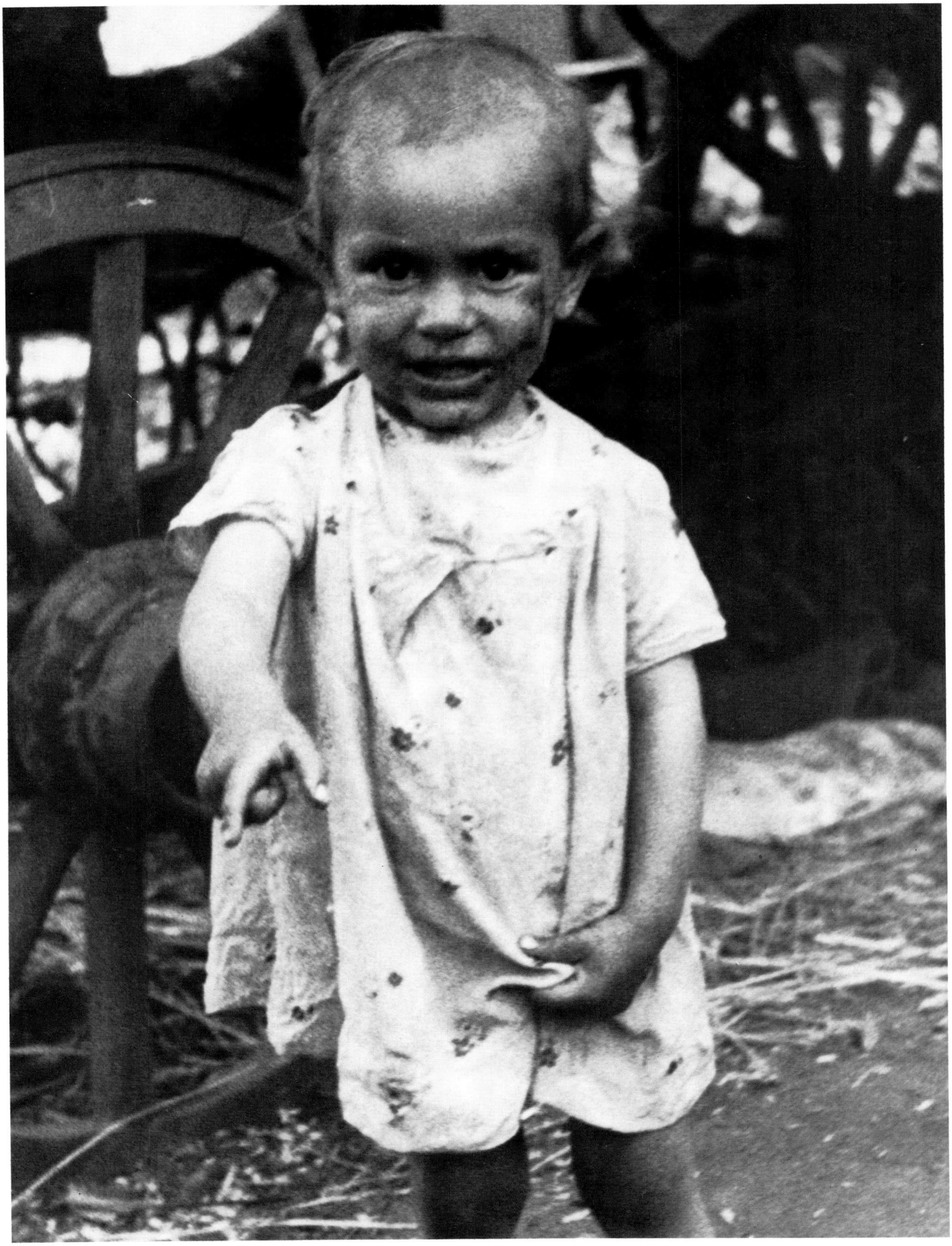

68 Der Blick zeugt von Trauer. Die psychische Belastung in vielen Familien, wo Vater oder Mutter fehlten, war oft ebenso groß wie die physische.

stärkt auf die «Verwerflichkeit» dieses Tuns hinwies und hoffte, den Auswüchsen damit ein Ende zu bereiten. Besonders der «Kohlenklau» von Eisenbahnzügen ging seit dem kalten Winter 1946/47 um. Allerdings kann man den Kindern und Jugendlichen ihr Handeln nur bedingt ankreiden. Hatte nicht der Kölner Erzbischof, Kardinal Josef Frings, das «Besorgen» von Hausbrand auf diese Weise angesichts des harten Winters sogar befürwortet, so daß diese Tätigkeit im Volksmund die Bezeichnung «Fringsen» erhielt?

Die Jugendkriminalität nahm z.T. jedoch auch «organisierte» Formen an. Findige Erwachsene, Geschäftemacher und «Schieber», die auf den schnellen Gewinn setzten, hatten nämlich bald erkannt, daß man mit Kindern und Jugendlichen in mancherlei Hinsicht zumeist schneller und auch billiger an das gewünschte Ziel kam. So berichtet die «Neue Ruhr-Zeitung» unter der Überschrift «Herr Zett will ja schließlich auch leben» am 10. September 1947 z. B. über einen gewitzten «Unternehmer», der zehnjährige Jungen beschäftigt, die für ihn Steine klopfen. 15 Pfennig erhalten sie für das Stück. Da sie bis zu 400 Stück pro Tag schaffen, ergibt sich ein Tagesverdienst von rund 60 Mark. Sie verdienen damit rund ein Drittel dessen, was ihr Vater für den ganzen Monat nach Hause bringt. Obwohl niemand von ihnen weiß, wem das Haus gehört – mit Sicherheit nicht ihrem Auftraggeber –, haben sie kein Unrechtsbewußtsein. Denn: «warum sollen die Steine hier herumliegen, wenn sie woanders gebraucht werden.» Und der Mann, der ihnen die Ziegel «abkauft», verdient das Zigfache.

Alles in allem muß man die erhöhte Kriminalitätsrate der Jugendlichen unter Vorbehalt betrachten. Überwiegend sind es Eigentums- und Wirtschaftsdelikte, zu denen auch

der Handel auf dem Schwarzen Markt zählt, Delikte also, die von der großen Mehrheit der Bevölkerung damals nicht unbedingt als kriminell betrachtet wurden, da sie zum Überleben notwendig waren.
Auch die immer wieder beklagte zunehmende Verwahrlosung der Jugend ist unter dem Blickwinkel der Zeit zu sehen. Sicherlich, die Geschlechtskrankheiten unter Jugendlichen nahmen plötzlich und rapide zu, ebenso wie die Zahl der unehelichen Geburten bei ihnen gewissermaßen ruckartig anstieg: in Gelsenkirchen z. B. lag die Zahl der unehelichen Geburten 1946 etwa dreimal so hoch wie 1932. Und am 31. Mai 1948 heißt es in den «Amtlichen Bekanntmachungen der Stadt Hamm», «unsere Jugend ist in Gefahr, nehmen Alkohol- und Nikotinsucht im Verein mit steigenden Gaststättenbesuchen Jugendlicher weiterhin im gleichen Tempo zu wie bisher.» Aber waren die Ursachen für die Entwicklung wirklich in einem Verfall von Sitte und Moral zu suchen? Oder war es nicht einerseits eine tiefe Sehnsucht nach Freundlichkeit, Liebe und Geborgenheit sowie bei den Mädchen vielfach mißverstandene Dankbarkeit für Lebensmittelaufbesserungen durch die Besatzungssoldaten, mit denen sie ausgingen? War es nicht andererseits auch ein «erwachsenengemäßes» Verhalten derjenigen, die im übrigen in verschiedenerlei Hinsicht Erwachsenenaufgaben übernommen hatten?

III. Schule – aber wie?

1. Aller Anfang ist schwer

Am Morgen des 10. September 1945 erlebt der Theatersaal an der Bochumer Straße in Gelsenkirchen eine Premiere besonderer Art, die andere Städte des Ruhrgebiets zum Teil bereits hinter sich, zum Teil noch vor sich haben. Kinder wie Erwachsene strömen in das Gebäude. Der herausgehobene Anlaß, zu dem man sich versammelt, ist die Wiedereröffnung der ersten Schulen in dieser Stadt nach dem Kriege.
Dem Beobachter fällt neben den Kindern und Erwachsenen, die sich alle dadurch gleichen, daß man ihnen die Entbehrungen des gerade zu Ende gegangenen Krieges überdeutlich ansieht, eine andere Gruppe auf, die sich merklich davon unterscheidet: Männer in Uniformen. D.h. Uniformjacken und -mäntel sieht man genug, sie dienen Männern, Frauen und Kindern, auch wenn sie nicht immer passen, als begehrte Kleidungsstücke, nachdem man sie von Rangabzeichen und militärischen Emblemen befreit hat, aber diese ehemals von deutschen Soldaten getragenen Uniformen sind nicht gemeint. Ausländische Uniformen sind es, deren Rangabzeichen durchaus zur Schau gestellt werden. Die Männer, die sie tragen, sind Angehörige der britischen Streitkräfte, denen als Besatzungsmacht die Kontrolle auch über das Ruhrgebiet zugefallen ist.
Die einzigen Verwaltungsstrukturen im ganzen ehemaligen «Deutschen Reich», die – wie schon erwähnt – noch einigermaßen funktionierten, waren die auf kommunaler Ebene. So ist es nicht verwunderlich, wenn die alliierte Besatzungsmacht hier den Hebel des Neubeginns ansetzte, nachdem sie ihr vorgeplantes Vorgehen doch in mancherlei Hinsicht hatte verändern müssen. Erst nach und nach sollte es den Briten gelingen, auch übergeordnete Verwaltungsbehörden wieder in Gang zu bringen.
Vor diesem Hintergrund mußte die Wiedereröffnung der in den Städten des Ruhrgebiets zum größten Teil seit 1943 geschlossenen Schulen zum Problem werden. Warum aber dachte man schon unmittelbar nach Kriegsende überhaupt an eine baldige Wiedereröffnung des Schulbetriebs, wenn dieser ohnehin schon rund zwei Jahre brachgelegen hatte? Gab es nicht andere, dringendere Probleme, die der Lösung harrten – Probleme, die der unmittelbaren Existenzsicherung der in vielerlei Hinsicht notleidenden Bevölkerung dienten?
Schon während des Krieges wurden auf seiten der Westalliierten Überlegungen zur «Umerziehung» der deutschen Bevölkerung angestellt. Auch wenn dieser Begriff der «Umerziehung» sich nicht nur auf das Schul- und Erziehungswesen bezog, sondern die «Um-Wertung der geistigen und kulturellen Werte des deutschen Volkes» insgesamt, d.h. die «Rückführung Deutschlands in die Kulturgemeinschaft zivilisierter Völker» meinte. Übergeordnetes Ziel dieser Überlegungen war, Deutschland für immer und alle Zeiten als möglichen Aggressor auszuschalten. Die Erziehung der Jugend, somit auch das deutsche Schulwesen, gewannen damit innerhalb der Umerziehungsplanung eine auf die Zukunft gerichtete zentrale Bedeutung.

69 Die neuen «Honoratioren» der Städte ebenso wie Vertreter der Besatzungsmächte machten die Schuleröffnung zu einem feierlichen Akt.

Auf amerikanischer Seite bestand zunächst die Vorstellung, sämtliche Bildungseinrichtungen, ausgenommen die Grundschulen, erst zu einem Zeitpunkt zu eröffnen, da von den Besatzungsbehörden entsprechende Planungen abgeschlossen und vorgelegt worden waren. Diese Überlegungen wurden von Henry Morgenthau, dem amerikanischen Finanzminister und engen Berater des US-Präsidenten Roosevelt, in seinem Plan vom 4. September 1944, der mit «Maßnahmen zur Verhinderung eines Dritten Weltkriegs durch Deutschland» überschrieben war, niedergelegt und fanden sich schließlich in ihrem Extrakt in der Direktive JCS 1067 vom 26. April 1945. Diese «Direktive des Generalstabes der Streitkräfte der Vereinigten Staaten an den Oberbefehlshaber der Besatzungstruppen der Vereinigten Staaten hinsichtlich der Militärregierung für Deutschland» sollte während der ersten Nachkriegswochen in Deutschland die Handlungsgrundlage der westalliierten Besatzungstruppen – nicht nur der Amerikaner, sondern auch der mit diesen ein gemeinsames Hauptquartier unterhaltenden Briten – bilden, auch wenn Amerikaner und Briten in ihren Vorstellungen über die Behandlung Nachkriegsdeutschlands z.T. erheblich auseinandergingen. Im Gegensatz zum Morgenthau-Plan, der eine längere Schließung insbesondere von höheren Schulen und Universitäten durchaus in Kauf nahm, ließ die Direktive JCS 1067 jedoch immerhin pragmatischere Lösungen zu: Die Wiedereröffnung solcher Einrichtungen, in denen eine den Zwecken der Besatzung und der Verwaltung nützliche Ausbildung geboten wurde, sollte auch vorzeitig möglich sein. Offenbar bestanden große Ängste, in den Schulen und Universitäten nationalsozialistisches Gedankengut tief verwurzelt vorzufinden, eine Gefahr, die – wechselte man das Lehrpersonal aus – auf dem Niveau der Grundschule kaum zu befürchten stand.

Für die Praxis wurden alle diese Planungen bezüglich des Vorgehens in Deutschland nach dem Kriege in einem «Handbuch für die Militärregierung in Deutschland» festgehalten. Es wurde von SHAEF (Supreme Headquarters, Allicd Expeditionary Forces), dem gemeinsamen anglo-amerikanischen Hauptquartier für die mittel- und westeuropäischen Operationen, herausgegeben und enthielt auch eine «Checkliste für Offiziere der Militärregierung», die unmittelbar nach der Besetzung zu ergreifende Maßnahmen vorschrieb. Darunter auch die sofortige Schließung aller Schulen.

Schon dies zeigt die tatsächliche Praxisferne des ja für die Praxis bestimmten Handbuches; denn gerade im Ruhrgebiet gab es seit nahezu zwei Jahren keine Schule mehr, die noch in Betrieb war. Entweder sie war zerstört oder sie wurde zweckentfremdet genutzt, z. B. als Lager für Zwangsarbeiter der Organisation Todt, einer Arbeitstruppe, die wichtige Aufgaben im militärischen Bauwesen übernahm. Ausgebombte städtische Dienststellen wurden ebenso gerne in Schulgebäuden untergebracht wie Formationen der Wehrmacht oder die Polizei. Zudem mußten sie teilweise als Lazarette herhalten oder wurden zu Übergangswohnungen für obdachlos gewordene Familien.

Die sie einstmals besuchenden Kinder waren längst evakuiert und befanden sich mit ihren Müttern auf dem Lande in Einzelquartieren oder in Lagern der Kinderlandverschickung, wo sie vor den alliierten Bombenangriffen sicher sein sollten. In Essen machte die Kinderschar rund ein Drittel der Bevölkerung aus, die in den Jahren 1943 und 1944 die Stadt verlassen hatte. Die Vorschrift, die Schulen sofort zu schließen, besaß wenigstens in jenem Gebiet des besetzten Deutschland lediglich formalen Charakter.

Aber es war nicht nur die Praxisferne mancher Vorschrift, die die ersten Besatzungswochen der westlichen Alliierten schwierig gestaltete. Es ergaben sich auch Kommunikationsprobleme der einzelnen Besatzungseinheiten untereinander. Nachdem amerikanische und nicht, wie von SHAEF ursprünglich vorgesehen, britische Truppen die Ruhrgebietsstädte im April 1945 erobert hatten, wurden diese auf lokaler Ebene alsbald von britischen Militärverwaltungen abgelöst. Die laut Checkliste dringendsten Maßnahmen zur Übernahme der Kontrolle wurden von ihnen zwar sofort und ebenso erfolgreich in Angriff genommen, auch die «Wiederherstellung und Aufrechterhaltung von Gesetz und Ordnung» durch eine schnelle Reaktivierung der lokalen Verwaltungen und der Polizei konnte erreicht werden, aber was kam dann?

70 *Schon im August/September 1945 wurden in den meisten Städten des Ruhrgebiets die Schulen wiedereröffnet.*

Weitere Perspektiven fehlten in den Anweisungen der ersten Stunde. Sie konnten aber auch nicht von übergeordneten Stellen eingeholt werden, ließen die in diesen Tagen sich dauernd ändernden Kommandostrukturen es doch kaum zu, kontinuierliche Verbindung zu höheren Stäben zu halten. Erst Mitte Juli war der Aufbau der auch für das Ruhrgebiet zuständigen Militärregierung so weit zur Ruhe gekommen und gediehen, daß man Entscheidungen angehen konnte, die auch über den örtlichen Bereich hinaus Geltung besaßen. Zu diesem Zeitpunkt wurde auch die Arbeit an der Wiedereröffnung der Schulen im Ruhrgebiet intensiver, wohingegen die Schulen in den schon wesentlich früher besetzten westlichen Gebieten zwischen Köln und Aachen z.T. bereits schon seit längerem in Betrieb waren.

Erste Versuche der Besatzer, den Schulunterricht im Ruhrgebiet wieder anlaufen zu lassen, reichen allerdings schon bis in den Mai 1945 zurück. So beginnt die Stadt Herne z. B. bereits am 30. Mai 1945, «auf Anordnung der Militärregierung» alle schulpflichtigen Kinder und Jugendlichen zu erfassen, nachdem sie bereits rund 10 Tage zuvor von der Militärbehörde den Auftrag bekommen hatte, alle Vorkehrungen zu treffen, um den Unterricht recht bald wieder aufnehmen zu können. Mit derartigen Aufrufen und Anordnungen war es jedoch nicht getan. Die schulpflichtigen Kinder mußten in dem allgemeinen Durcheinander tatsächlich erst einmal festgestellt werden, was gar nicht so einfach war. Aber hatte man die Kinder, fehlte es vor allem an geeigneten, d.h. nachweislich nicht auf den Nationalsozialismus eingeschworenen Lehrern, was gleichfalls Schwierigkeiten bereitete. Endlich mangelte es auch noch an Schulgebäuden; denn zu gründlich war zuvor zerstört worden, was jetzt wiedererrichtet werden sollte. So ist es nicht verwunderlich, wenn alles etwas länger dauerte und, berücksichtigt man zudem die beschriebene Schwäche der Militärverwaltung, die Eröffnung der ersten Schulen in den meisten Ruhrgebietsstädten noch bis August, September oder gar Oktober auf sich warten ließ. Vom 23. August 1945 in Herne über den 4. und 10. September in Bochum und Witten den 10. und 13. September in Gelsenkirchen und Bottrop, bis hin zu Terminen im Oktober, als in Duisburg und Gladbeck sich die Schultore öffneten, reichte die Zeitspanne genau. Lediglich in Mülheim konnte man schon Mitte Juli die ersten Kinder wieder zur Schule gehen sehen. Immerhin waren hier auch von 25 vor dem Krieg vorhandenen Schulen 16 unbeschädigt geblieben. Diese Termine entsprachen durchaus der von SHAEF im vorhinein vorgenommenen Planung, die die Wiedereröffnung der Schulen bis zum 1. Oktober vorgesehen hatte. Es waren aber nur einige wenige Schulen, die eröffnet werden konnten, und bei weitem nicht alle schulpflichtigen Kinder konnten sofort eingeschult werden. Dafür waren die organisatorischen Probleme noch viel zu groß.

Für die Gelsenkirchener Kinder

71–74 *Die britische Besatzung hatte mit der Wiedereröffnung der Schulen vor allem die «Umerziehung» der Jugendlichen im Auge. Die wieder zugelassenen politischen Parteien richten ihr Augenmerk zunächst gleichfalls auf Kinder und Jugendliche, wie diese Plakate aus dem Kommunalwahlkampf vom Herbst 1946 zeigen.*

beginnt der neue Schulalltag am 10. September mit großer Feierlichkeit, wenngleich man in dieser Stadt nicht so weit geht wie z. B. in Witten, wo eigens für diesen Anlaß ein Streichquartett engagiert wird. Dieser Tag ist dennoch von großer Bedeutung.

Das zu verdeutlichen sind nicht nur britische Militärs, sondern auch die neuen Honoratioren der Ruhrgebietsstadt, allen voran der von den Briten ins Amt eingesetzte Oberbürgermeister, erschienen. Nach langen Jahren der NS-Herrschaft sind es die ersten «freien Schulen» in dieser Stadt, wie es Oberst Spottiswoode, der an dem Festakt teilnehmende Militärgouverneur des Regierungsbezirks Münster, ausdrückt, die es zu eröffnen gilt. Im neuen demokratischen Geiste soll sich hier die Erziehung vollziehen. «Ich hoffe», schließt der englische Oberst, an die der Eröffnungsfeier beiwohnenden Kinder gewandt, seine Rede, «daß meine Kinder Euch in Zukunft nur auf dem Sportfeld treffen werden und nicht auf dem Schlachtfeld, wo ich Eure Eltern traf.»

An den Kindern im Grundschulalter, den Sechs- bis Zehnjährigen also, für die sich zunächst die Schultore wieder öffneten und die den größeren Teil der Zuhörerschaft dieser Festveranstaltung bildeten, gingen solche Worte wohl vorüber. Aber für sie waren sie ja auch gar nicht bestimmt. Der Bevölkerung gegenüber, die informationshungrig die nur spärlich verbreiteten Nachrichten verschlang, wie sie z. B. in den fast allerorten wöchentlich mit Genehmigung der Alliierten erscheinenden amtlichen Bekanntmachungen und Mitteilungsblättern dargeboten wurden, sollte Wirkung erzielt werden: Kinder und Jugendliche bilden auch für uns den wichtigsten Zukunftsfaktor. Ihrer werden wir, die Sieger, uns im Hinblick auf eine demokratische Entwicklung Deutschlands zuerst vergewissern.

Auch wenn es Probleme und Komplikationen gab, so kann man doch insgesamt noch von einer zügigen Entwicklung bei der Schuleröffnung sprechen. Das wäre allerdings dann kaum denkbar gewesen, hätte die Mehrheit der Deutschen sich als beharrliche NS-Anhänger gezeigt. Zur Verwunderung von Amerikanern und Briten fand man hingegen eine nahezu apathische Haltung breiter Bevölkerungskreise vor – von Nazi-Enthusiasmus, wie er erwartet wurde, keine Spur! War es die zum Schluß auch von den NS-Propagandisten nicht mehr zu kaschierende Sinnlosigkeit des Krieges, die den Glauben an die nationalsozialistische Ideologie – wenn es einen solchen Glauben je gegeben hatte – gänzlich schwinden ließ und dabei eine gewisse Leere schuf? War es das zu erwartende «totale» Ende des Krieges, eine im Gegensatz zum Ersten Weltkrieg stehende Erwartungshaltung, die die Menschen mit einer gewissen Ruhe und Erleichterung, die wie Lethargie wirkte, versah? Oder war es eine Verhaltensweise, die im Grunde typisch für die gesamte Zeit der nationalsozialistischen Diktatur war und darauf hinauslief, sich in der Masse den Vorgaben «von oben» anzupassen? Gleich welcher Art die Ursache war: die Bevölkerung des Ruhrgebiets arbeitete mit den Besatzungsmächten zusammen.

Bevor die ersten Schulen eröffnet werden konnten, aber auch noch lange nach Wiederbeginn des ersten Unterrichts, hieß es indessen die Voraussetzungen für einen regulären Schulbetrieb zu schaffen. Und es gab überaus viele Probleme, die zu bewältigen waren.

75 Die zerstörte Luisenschule in Dortmund. Die Zahl der zerstörten und nicht nutzbaren Schulgebäude lag in den Städten des Ruhrgebiets Ende 1945/Anfang 1946 zwischen 35 und 70 Prozent des Vorkriegsbestands.

2. Schule ohne Schulen

Es begann damit, daß man sich fragen mußte, wo überhaupt der Unterricht stattfinden sollte. Die alliierten Bomber hatten bei ihren Angriffen auf das Ruhrgebiet natürlich auch die Schulgebäude nicht unverschont gelassen. Wenn auch nicht alle Schulen dem Flächenbombardement zum Opfer gefallen waren, so hatten sie doch überwiegend erhebliche Beschädigungen davontragen müssen. Im Jahr des Kriegsendes und im darauffolgenden Frühjahr lag die Zahl der zerstörten und nicht nutzbaren Schulgebäude in den Städten des Ruhrgebiets zwischen 35 Prozent in Mülheim und rund 70 Prozent in Essen. Dazwischen rangierten die Städte Herne, Gelsenkirchen, Wanne-Eickel und Duisburg, von denen keine weniger als die Hälfte ihrer Schulen, zumeist sogar annähernd zwei Drittel hatte einbüßen müssen. Auch in Bochum waren zwei Drittel der Schulen Ende 1945 nur noch Schutt.

Was die Zahl der fehlenden Klassenräume angeht, so verschieben sich die Zahlen noch mehr ins Negative. Nur rund ein Drittel, teilweise sogar nur ein Viertel aller Klassenzimmer war für den Unterricht auch nur annähernd brauchbar. Allerdings war dies nicht ausschließlich eine Folge der Zerstörung. Vielmehr stand manch ein Klassenraum schulischen Zwecken gar nicht erst zur Verfügung. Er war «fremdgenutzt», wie es im Amtsdeutsch der Zeit hieß.

Schon während des Krieges waren die Schulen ja als Ausweichquartier für alle möglichen offiziellen und halboffiziellen Einrichtungen verwendet worden.

Jetzt, nach dem Krieg, wurden erneut Schulräume mit Beschlag belegt. Nun durch Besatzungstruppen! Insbesondere aber die anfänglich in allen Stadtteilen der einzelnen Ruhrgebietsstädte durchweg in

76 *Schüler einer Gelsenkirchener Schule helfen beim Wiederaufbau ihres zerstörten Schulgebäudes mit.*

den Volksschulen untergebrachten Außenstellen des Wirtschafts- und Ernährungsamtes, die sogenannten Lebensmittelkartenstellen, entzogen dem Schulbetrieb wichtige Räume. Zudem wurden weitere Klassen – herrschte doch großer Wohnraummangel – zunächst von Ausgebombten, später auch von Flüchtlingen bewohnt, die ja in wachsender Zahl zuströmten. In Gelsenkirchen z. B. standen als Folge davon Ende 1945 11 Schulgebäude, rund 10 Prozent des gesamten Vorkriegsbestands, mit 103 Klassenzimmern dem Unterricht nicht zur Verfügung. Wenn man bedenkt, daß nur 37 Schulen hier wirklich benutzbar waren, eine immens hohe und kaum verständliche Zahl! Ebenso war in den anderen Orten des Ruhrreviers der zweckentfremdete Gebrauch der Schulen ein fortwährendes Ärgernis, auch wenn er, wie in Herne, wo er Ende 1945 bei 6 Prozent aller vor dem Kriege vorhandenen Schulhäuser lag, zunächst nicht derartige Ausmaße annahm.

Der Zustand der «Fremdnutzung» sollte sich im Hinblick auf die allmähliche Wiederherstellung eines normalen Schulbetriebs als eines der hartnäckigsten Probleme erweisen. Schwierigkeiten der Art, wie sie der Elternbeirat der Alleeschule in Oberhausen-Sterkrade noch Ende 1948 zu meistern hatte, waren aber zu diesem Zeitpunkt wohl auch schon selten geworden: Nicht nur, daß in einem Teil der Schule die Bergbauverwaltung der Gute-Hoffnungs-Hütte untergebracht war, es befand sich vielmehr in einem Klassenraum der Schule auch noch die Gewandmeisterei des Stadttheaters, in einem anderen Klassenzimmer war zu allem Überfluß eine Suppenküche untergebracht.

Aber auch die schließlich verbleibenden Klassenzimmer waren in den wenigsten Fällen in einem Zustand, der den sofortigen Wiederbeginn des Unterrichts zuließ. «Im Schulgebäude sah es trostlos aus», beschreibt der Chronist einer Gel-

77 *Mütter fassen beim Wiederaufbau von Schulen und Kindergärten gleichermaßen mit an.*

senkirchener Schule die Situation nach Kriegsende.

Auch aus einem Schreiben, das der Oberbürgermeister der Stadt Herne am 23. Juni 1945 an die örtliche Militärregierung richtet, geht der tatsächliche Zustand der für benutzbar erklärten Schulgebäude deutlich hervor:

«Das Fehlen der ganzen bzw. teilweisen Verglasung der Fenster in den (für den Unterricht, der Verf.) vorgesehenen Räumen würde während der Sommerzeit kein wesentliches Hindernis für das Abhalten des Unterrichts bedeuten.»

Den Winter schiebt man als Problem vor sich her. Soll es doch erst einmal kalt werden!
Am 1. November 1945 muß sich schließlich die örtliche Herner Schulaufsicht hilfesuchend an den für sie zuständigen Regierungspräsidenten in Arnsberg wenden. Der «Kältefall» ist eingetreten. In dem Hilfeersuchen heißt es:

«Für den Unterricht... stehen 15 Schulhäuser zur Verfügung, davon können beim Eintritt kalter Witterung aber nur sieben gebraucht werden, weil diese Schulgebäude verglast sind und mit den Restbeständen an Koks, der aus den Vorjahren noch in den Schulen lagert, beheizt werden können.»

Nur – tun kann auch der Regierungspräsident wenig oder gar nichts. Und im Oktober 1947 weist der Deutsche Städtetag den Kultusminister des Landes Nordrhein-Westfalen noch einmal nachdrücklich auf den mangelhaften Zustand der Schulgebäude hin:

«Der Unterricht findet oft in Gebäuden und Räumen statt, die nicht anders als unwürdig bezeichnet werden müssen. Die Unmöglichkeit, Gebäude ordnungsmässig wiederherzurichten, andererseits aber der Zwang, Kinder einzuschulen, haben es mit sich gebracht, dass oft Unterricht in Räumen stattfindet, deren Benutzung in Friedenszeiten die Baupolizei einfach untersagt hätte. Von dem schlechten äusseren Zustand abgesehen, sitzen die Kinder vielfach in Klassenräumen, bei denen es durchregnet, in denen Fensterscheiben oder Türen fehlen, oder der Unterricht findet in dunklen Räumen statt, in denen auch an hellen Tagen nur bei Licht gearbeitet werden kann. Dazu sind die Toilettenverhältnisse oft unbeschreiblich. Es gibt zum Beispiel heute in Essen noch Schulen, in denen eine Toilettenanlage nicht vorhanden ist und die Kinder mehr oder weniger gezwungen sind, ihre Notdurft zu Hause oder in der Nachbarschaft oder, was noch schlimmer ist, im Freien zu verrichten.»

Die von den Besatzungsmächten ins Gespräch gebrachte Schaffung von «Ersatzschulen» erwies sich weitestgehend als unpraktikabel, gleich ob es sich um unzerstörte Säle von Gaststätten handelte – noch 1948 wurden zwei Säle in Duisburg-Obermeiderich so genutzt – oder um ehemals im Besitz der NSDAP oder einer ihrer Unterorganisationen befindliche Häuser, die die britischen Besatzer gern für diese Zwecke zur Verfügung gestellt hätten. Beides war entweder nicht vorhanden oder aber nicht geeignet, was schließlich auch für ehemalige Wehrmachtsgebäude gilt. Es blieb nichts anderes übrig, als das, was der Krieg an Resten gelassen hatte, so schnell wie möglich wiederaufzubauen und zu reparieren. Wie jedoch etwas reparieren, wenn weder Arbeitskräfte noch Material zur Verfügung stehen?

Die Frage nach Arbeitskräften war rasch und nur in ganz bestimmter Weise zu beantworten: Selbsthilfe. Lehrer und Schüler, Eltern und Hausmeister – noch in den Städten des Ruhrgebietes oder gerade wieder zurückgekehrt – faßten mit an. Schon schwieriger war die Beschaffung geeigneten Baumaterials. Immer wieder richten die örtlichen Verwaltungen Eingaben an übergeordnete deutsche und britische Stellen zur bevorzugten Freigabe von Baumaterial gerade zur Wiederherstellung von Schulen: Zumeist vergebens! So heißt es noch in der Niederschrift der gemeinsamen Sitzung des Volks- und Mittelschulausschusses der Stadt Duisburg vom Januar 1947, daß es sehr schwierig sei, «Baustoffe beim Baulenkungsamt freizubekommen». So «organisiert» man, was man «organisieren» kann. Man baut hier aus und dort ein, nimmt es hier weg und bringt es dort hin. So entfernen z. B. Hausmeister und Lehrer einer Gelsenkirchener Schule gemeinsam aus schwerbeschädigten Gebäuden des Stadtteils, in der die Schule liegt, Türen und Fensterrahmen, um sie in «ihrer» vor der Wiedereröffnung stehenden Schule zu verwenden.

Gleichwohl stießen die Selbsthilfeaktionen häufig an ihre Grenzen. Dies galt z. B. für die Beschaffung von Fensterglas, das im Vergleich zu anderen Baustoffen, die ebenfalls fehlten, besonders rar war. «Weil Glas überhaupt nicht aufzutreiben war», erinnert sich Hans G.*, der als Dreiundzwanzigjähriger mit zu den Lehrern der ersten Stunde im Ruhrgebiet zählte, «mußten wir die Fensteröffnungen notdürftig mit alten Brettern schließen. Die ohnehin nicht gerade einladenden Klassenräume, die – wenn überhaupt – nur unzulänglich renoviert waren, wurden dadurch nicht gerade einladender.» Häufig genug handelte es sich aber auch nur um organisatorische Pannen, die die hilfswilligen Eltern, Lehrer und Schüler auf harte Geduldsproben stellte. So berichtet die «Westfalenpost» noch im März 1948, daß «an einer von den Eltern wiederhergestellten Schule... diese vergebens auf eine geringe Menge Zement und Platten (warten, d. Verf.), um ihre Arbeit zu vollenden. An einer anderen ist das bereitliegende Baumaterial wieder entfernt... worden.» Ebenso geschah es manchmal, daß besser erhaltene Schulgebäude zusätzlichen Reparaturen unterzogen wurden, wohingegen andere, an denen absolut desolate Zustände herrschten, völlig unbeachtet blieben. Die Grenzen des Verständnisses wurden bei den Betroffenen, d. h. bei Eltern, Lehrern und auch den Kindern, damit häufig überschritten. Man wundert sich daher kaum, wenn immer wieder Vorwürfe und Anschuldigungen laut wurden, daß so etwas nicht mit rechten Dingen zugehen könne. «Schiebung» und «Beziehungen» waren die in diesem Zusammenhang am meisten gebrauchten Vokabeln. Ob etwas an diesen Vorwürfen der Wahrheit entsprach, läßt sich nur schwerlich nachweisen, auszuschließen ist es nicht.

Die unzureichenden Räumlichkeiten machten Schulunterricht allein schon zu einem abenteuerlichen Unterfangen. Hinzu kam häufig eine absolut unzureichende Möblierung. In einer Gelsenkirchener Volksschule mit sieben benutzbaren Klassenräumen z. B. fehlten allein fünf Lehrerpulte. Zudem mangelte es an 40 Schulbänken. Die Militärbehörden hatten die ihnen nachgeordneten deutschen Verwaltungsstellen zwar schon frühzeitig – so in Herne schon am 21. Mai 1945 – angehalten, Vorkehrungen für die sichere Aufbewahrung u.a. auch von Schulmöbeln zu treffen, nur hatte man vergessen, ihnen mitzuteilen, wie das angesichts fehlender Türen und Schlösser in den Schulgebäuden geschehen sollte. Ein großer Teil des Schulmobiliars, daß sich zur Not ja auch in privaten Wohnungen nutzen ließ, war von daher bereits gestohlen, bevor etwas zu seiner Sicherstellung unternommen werden konnte. Die wiederholten an die Bevölkerung gerichteten Aufforderungen und Bekanntmachungen, «sichergestelltes» Schuleigentum zurückzugeben, verhallten von daher überwiegend resonanzlos. Selbst Strafandrohungen nutzten nichts. Noch 1947 fehlte es so in den Duisburger Schulen an rund 13000 Sitzgelegenheiten und in einer Herner Schule mußten noch im März 1949 in den dreisitzigen Bänken jeweils vier Kinder sitzen. Aber die Not machte auch erfinderisch: Gab es schon keine «richtigen» Tische und Stühle bzw. Bänke für die Klassenzimmer, so mußte Ersatz geschaffen werden. Leere Munitionskisten waren hierfür hervorragend geeignet und fanden auf diese Weise noch eine sinnvolle und friedliche Verwendung.

Der Zustand des Provisorischen

* Der Name wurde geändert.

blieb in den Jahren 1945 bis 1948 das Normale. Wie es noch 1946 in einer Schule am Rande Gelsenkirchens zuging, dürfte sich auch andernorts der Wiederaufbau abgespielt haben: Der Hausmeister der Schule bewohnte bis zur Fertigstellung seiner Wohnung eines der Klassenzimmer und arbeitete gemeinsam mit Lehrern, Eltern und Schülern Tag für Tag an der Herrichtung der Schule, die nur entsprechend langsam vorangehen konnte. An einer anderen Schule fehlte es bis auf einen einzigen Raum in allen Räumen an Licht, ein Zustand, der erst 1948 behoben wurde. Wie sich überhaupt die Beleuchtung zu einer permanenten Schwierigkeit auswuchs. Mit Freude verkündeten Schulchroniken zwischen 1945 und 1948, wenn es den Schulleitern im beharrlichen Kampf mit den Behörden wieder einmal gelungen war, ein Klassenzimmer mit einer Lichtleitung auszustatten. Die nötigen Glühbirnen zu bekommen, um den Raum auch erhellen zu können, erforderte dann meistens genausoviel an Energien. In Bochum erhielten die Schulen 1947 so nicht mehr als 120 Glühbirnen, obwohl sie rund 2500 Stück benötigten.

An einer weiteren Schule diente ein Klassenzimmer gleichermaßen als Hausmeisterwohnung wie als Amtszimmer des Schulleiters. Überall aber faßte man gemeinsam an. Unterricht und Aufbauarbeit waren nicht voneinander zu trennen.

Die Folgen der Schuleröffnung ohne ausreichende Zahl von Schulgebäuden waren von vornherein absehbar. Da gilt es, zuallererst die für den größten Teil der Kinder überweiten Schulwege festzuhalten. Weil die Schulen ja nicht gleichmäßig zerstört waren, d. h. in einigen Teilen der Ruhrgebietsstädte nahezu alles dem Erdboden gleichgemacht worden war, in anderen nur wenige Gebäude in Schutt und Asche lagen, da dies zudem in den wenigsten Fällen mit der Anzahl der im jeweiligen Stadtteil lebenden Schulkinder übereinstimmte – im Gegenteil, in den kinderreichen Arbeitervierteln, die um die großen Industriewerke herum angeordnet waren, lag der Grad der Zerstörung ja viel höher als in den industrieferneren und deshalb weniger zerstörten, kinderärmeren «besseren» Wohngegenden –, waren auch und gerade von den Kindern aus Arbeitervierteln Schulwege von teilweise mehr als fünf Kilometern zurückzulegen. Da hier auch die Armut am größten war, somit auch Schuhe Mangelware darstellten, waren der überweite Schulweg und häufiges Fehlen an kalten und regnerischen Tagen ein und dasselbe Problem.

Eine weitere Konsequenz fehlender Schulhäuser und -räume heißt «Schichtunterricht». Ohne diesen wäre Schule gar nicht möglich gewesen. In Herne z. B. entfielen im Dezember 1945 durchschnittlich 95 Schüler auf einen Klassenraum. Bedenkt man aber, daß – wie schon erwähnt – wegen fehlenden Fensterglases nur 7 Schulgebäude dieser Stadt im Winter tatsächlich nutzbar waren, somit auch nicht einmal die Hälfte der Klassenzimmer zur Verfügung stand, erweist sich die Situation als noch prekärer: 203 Kinder mußten sich theoretisch in einem Klassenraum drängeln. In Duisburg entfielen Ende 1945 auf einen Raum durchschnittlich 82 Kinder, in Gelsenkirchen mußten sich im Oktober des gleichen Jahres wahrscheinlich 87 Kinder einen Schulraum teilen.

Die verantwortlichen Behörden hatten diese Schwierigkeiten rechtzeitig erkannt und Vorsorge zu treffen gesucht. Im Zusammenhang mit der Aufforderung zur baldmöglichen Wiederaufnahme des Unterrichts sowie der Anordnung von Instandsetzungsarbeiten und Beschaffung von Heizmaterial wendet sich der Regierungspräsi-

78 *Der Mangel an Maschinen und Geräten wird durch Menschen ausgeglichen. Von Hand zu Hand werden die gesäuberten Ziegelsteine zum Wiederaufbau der Schule weitergereicht.*

dent Arnsberg auch mit einem weiteren Anliegen an die Oberbürgermeister und Landräte des Bezirks: «Wo es notwendig ist, ist Vor- und Nachmittagsunterricht einzuführen... bei mindestens 4stündigem täglichem Unterricht.» Der Schichtunterricht nahm seinen Lauf.

Dabei erwies sich die Lage im Sommer und Frühherbst 1945, obwohl durchaus schwierig genug, als geradezu unproblematisch, verglichen mit dem, was – im Winter beginnend – in den folgenden Jahren noch kommen sollte. Denn eingedenk der nur wenigen einigermaßen funktionsfähigen Schulen hatte man zunächst nicht an die gleichzeitige Einschulung aller Schulpflichtigen gedacht. Vorrang hatten in erster Linie die Grundschulkinder zwischen sechs und zehn Jahren und hier wiederum diejenigen, die – obwohl älter und längst schulpflichtig – noch nie eine Schule von innen gesehen hatten. Und es gab nicht wenige inzwischen schon Zehnjährige, bei denen das der Fall war.

Aber selbst dieses eingeschränkte und fast bescheiden zu nennende Vorhaben ließ sich nur durch eine nochmalige Ausweitung des Schichtunterrichtsystems realisieren.

Nur so konnte es auch gelingen, wollte man letztlich wirklich alle schulpflichtigen Kinder in die Schule bringen, diesen wenigstens ein wenig Unterricht zuteil werden zu lassen. Denn der Zustrom der Kinder ins Revier hält an. In Gelsenkirchen steigt die Zahl der sich einen Klassenraum teilenden Kinder von 87 im Oktober 1945 auf rund 170 im Februar 1946 an, eine Zahl, die nicht weit entfernt ist von der schon geschilderten Herner Situation. Im Einzelfall sah es aber noch viel schlimmer aus. So etwa in einer Essener Volksschule: Im August 1946 stehen 920 Kindern nicht mehr als drei Klassenräume zur Verfügung. Nicht wesentlich an-

79 Die Klassen der Jahre 1945–1948 waren übervoll. Drei- und mehrschichtiger Unterricht mit 70 bis 90 Schülern pro Klasse waren anfangs durchaus die Regel.

Auszug aus der Erziehungskontrollanweisung Nr. 34 der britischen Militärregierung vom 31. Dezember 1945:
«Eine Anzahl von Grundschulkindern einschliesslich der Kinder, die darauf warten, auf die hoehere Schule zu gehen, erhalten noch immer keinen Schulunterricht. In den Faellen, in denen das Schichtensystem erweitert werden kann, sodass eine groessere Anzahl Kinder, wenn auch nur wenige Stunden in der Woche, die Schule besuchen koennen, muss dies getan werden. Je nach den oertlichen Bedingungen werden die Anordnungen voneinander abweichen. In dem einen Bezirk koennen z. B. einer Schicht aufeinanderfolgende Unterrichtsstunden erteilt werden, waehrend in einem anderen Bezirk der Unterricht ueber die ganze Woche verteilt wird.»

ders geht es der Volksschule an der Sandstraße im Gelsenkirchener Stadtteil Horst noch Anfang November des gleichen Jahres: 2700 Horster Schulkinder müssen sich mit einem einzigen Schulgebäude, in dem acht Klassenräume benutzbar sind, zufriedengeben. Nicht nur zwei-, gar drei- und vierschichtiger Unterricht war die Folge. Nicht nur in Gelsenkirchen und Herne, sondern auch in den anderen Orten des Ruhrreviers, wie Zeitungsartikel immer wieder deutlich machen, ohne daß uns hierfür genaue Zahlen vorlägen. Aber trotz noch so «vielschichtigen» Unterrichts erreichte man damit noch lange nicht, daß auch wirklich alle Kinder zur Schule gehen konnten. Selbst im Februar 1946 lag die Zahl der Kinder, die nicht am Unterricht teilnehmen konnten, in Gladbeck noch bei 26, in Bottrop bei 19 und in Gelsenkirchen bei 17 Prozent.

Der Schichtunterricht wurde gleichzeitig zum extremen Kurzunterricht, der irgendwann zwischen 9.00 Uhr morgens und 17.00 bzw. 18.00 Uhr nachmittags stattfand. Die Forderung nach mindestens vier Unterrichtsstunden war vergessen. Ganze 100 Minuten dauerte für die meisten Kinder ein Unterrichtstag und darin waren in der Regel noch zwanzig Minuten für die Ausgabe der Schulspeisung enthalten. Die Frage, ob ein solcher Unterricht überhaupt sinnvoll ist, mag heute gestellt werden, damals stellte sie keiner. Immerhin fand Schule wieder statt, ein deutlicher Unterschied zum letzten Jahr des Nazi-Regimes.

Die Situation entspannte sich in dieser Hinsicht in den folgenden Jahren nach und nach. Reparatur und Wiederaufbau der Schulen schritten trotz aller Widrigkeiten im Ruhrgebiet langsam voran. In der Mehrheit der Revierorte wurde die Zahl der Klassenräume bis 1948 verdrei- und vervierfacht, gleichzeitig ebbte die Zahl der zurückflutenden Kinder ein wenig ab. Und dennoch kamen in diesem Jahr rein rechnerisch immer noch 70 bis 90 Kinder – die Aussagen in der Presse und in offiziellen Darstellungen sind widersprüchlich und nicht eindeutig – auf einen Klassenraum, so daß an Schule ohne Schichtunterricht nicht zu denken war, auch wenn dieser zeitlich wieder etwas länger ausfiel.

Die Zahl von 70 Schülern pro Klassenraum entspricht auch dem für ganz Nordrhein-Westfalen gültigen Durchschnitt am 1. März 1947. Die Durchschnittszahlen lenken aber von der Tatsache ab, daß die Zustände insbesondere in den Volksschulen wesentlich ungünstiger ausfielen als in den übrigen Schulformen. Hier waren aber die meisten Kinder versammelt.

Die Zahl der benutzbaren Klassenräume veränderte sich von 1947 an im Landesdurchschnitt nur unwesentlich. Lediglich leicht instandsetzungsfähige Gebäude wurden nach und nach ausgebessert. Erst mit der «Währungsreform» veränderten sich die Verhältnisse grundlegend und es setzten überall Planungen für einen großzügigen Wiederaufbau auch der Schulen ein. Aber nicht nur das plötzlich zur Verfügung stehende Baumaterial war es, das den Schulbau beschleunigte, auch die Aufhebung der Lebensmittelrationierung trug ihr Teil dazu bei.

Insofern nämlich, als die bis dahin in fast jedem Schulgebäude anzutreffenden Lebensmittelkartenstellen, nunmehr überflüssig geworden, auszogen und diese Räume den Schulen zur Verfügung standen. Der Schichtunterricht hatte seit Anfang 1949 in den meisten Ruhrgebietsstädten weitgehend ausgedient.

3. Lehrer müssen her

Die im Grunde allzuwenigen, nur notdürftig reparierten Schulgebäude der Revierstädte konnten nun also mit Leben gefüllt werden. Allerdings: der Unterricht lief nur schleppend an. Da war erst ein weiteres Problem zu lösen – das der Lehrer.

So wie es an Schulräumen mangelte, fehlte es Ende 1945 allenthalben an Lehrkräften. Viele Lehrer befanden sich noch in Kriegsgefangenschaft oder – gemeinsam mit ihren Klassen – in den Lagern der Kinderlandverschickung, in die man sie mit Zunahme der Bombenangriffe auf das Ruhrgebiet evakuiert hatte, und standen aus diesem Grunde nicht zur Verfügung. In Duisburg waren so Ende 1945 41 Prozent der vor dem Krieg vorhandenen Lehrer einsetzbar, in Gelsenkirchen und Wanne-Eickel nur ein Viertel. Der weitaus größte Teil von diesen aber konnte deshalb nicht eingesetzt werden, weil er über eine mehr oder minder ausgeprägte NS-Vergangenheit verfügte. «Entnazifizierung» hieß das Schlüsselwort.

Im August 1945 richtet der Oberbefehlshaber der britischen Zone, Feldmarschall Montgomery, eine «persönliche Botschaft an die deutschen Mütter und Väter», in der er sich mit dem künftigen Erziehungswesen in Deutschland befaßt. Von den Nationalsozialisten sei das deutsche Erziehungswesen in den Schmutz gezogen worden, heißt es darin. Man habe die Kinder geistig vergiften wollen. «Was die Nationalsozialisten angerichtet haben», so Montgomery, «beabsichtige ich wieder in Ordnung bringen zu lassen.»

80 Aufruf des Oberbefehlshabers der britischen Zone, Feldmarschall Montgomery, vom Anfang August 1945.

An die deutschen Eltern!

Feldmarschall Montgomery über die Erziehung der deutschen Jugend

Feldmarschall Montgomery hat folgende persönliche Botschaft an die Bevölkerung der britischen Zone in Deutschland gerichtet:

1. Die Nationalsozialisten haben das deutsche Erziehungswesen in den Staub gezogen. Sie wollten Eure Kinder geistig vergiften. Das Wahre haben sie ihnen vorenthalten und haben ihnen dafür falsche Werte gegeben. Sie haben ihnen beigebracht, Freiheit und Duldsamkeit zu verachten, Gewalt und Unterdrückung zu bewundern.

2. Der Plan der Nationalsozialisten wurde nur vereitelt durch die siegreichen Schlachten, die meine Truppen und ihre großen Verbündeten geschlagen haben.

3. Was die Nationalsozialisten angerichtet haben, beabsichtige ich wieder in Ordnung bringen zu lassen.

4. Zuerst werden Schulen und Universitäten baldmöglichst wieder eröffnet werden. Das ist keine leichte Aufgabe. aber in verschiedenen Gebieten machen die Schulen schon wieder auf; mehr und mehr werden im Laufe der nächsten Monate folgen. Bis zum Oktober dürften alle verfügbaren Schulen, mit Ausnahme nationalsozialistischer Schulen, wieder in Betrieb sein.

5. Drei Dinge sind nötig, um Schulen wieder aufzumachen: Gebäude, Lehrmaterial und zuverlässige Lehrkräfte.

6. Schulgebäude, die instandgesetzt werden können. werden instandgesetzt. Schulen, in denen meine Truppen oder Fremdarbeiter, Obdachlose oder wichtige Verwaltungsstellen untergebracht werden mußten, werden geräumt werden, sobald es die Umstände erlauben.

7. Die Schulbücher, mit denen die Nationalsozialisten die Kindergemüter vergifteten, werden im Schulunterricht nicht mehr verwendet. Ich lasse als Notmaßnahme Neuauflagen von Schulbüchern drucken, die vor den Nationalsozialisten im Gebrauch waren. Neue Schulbücher, von Deutschen in Deutschland geschrieben. Bücher, aus denen ein gesunder Geist sprechen wird, sind in Vorbereitung; sie werden so rasch wie möglich gedruckt werden.

8. Der Mangel an Lehrkräften wird ernst sein. Ich werde keinen Lehrer in der Schule dulden, dessen Vergangenheit nicht den eingehendsten Nachforschungen standhält. Lehrer, die zu Unrecht entlassen wurden, werden wieder eingestellt. Ich werde alle kriegsgefangenen Lehrer freilassen, die würdig sind, bei der Neuerziehung Ihrer Söhne und Töchter mitzuarbeiten.

9. Trotz dieser Maßnahmen dürfte aber in vielen Gegenden auf lange Zeit hinaus nur Teilunterricht möglich sein. Um dem abzuhelfen, wird, sobald die Kinder wieder unter gesunden Bedingungen zur Schule gehen. die Ausbildung neuer Lehrer und die Umschulung alter mit Vordringlichkeit durchgeführt werden.

10. Das Ansehen der deutschen Universitäten ist unter dem nationalsozialistischen Regime in den Augen der Welt tief gesunken. Universitätsgebäude sind während des Krieges schwer beschädigt worden. Ich werde keinen Professor oder Dozenten im Amt lassen, der seine Gaben im Dienste des Nationalsozialismus prostituiert hat. Die Gebäude werden, wo es möglich ist, wieder instandgesetzt werden.

11. Ich werde den Erwachsenen-Unterricht fördern, und dabei soll auf freie Aussprache zwischen deutschen Männern und Frauen aller Schichten, Bekenntnisse und Altersgruppen hingezielt werden.

12. Mein Ziel auf lange Sicht ist, daß deutsche Jungen und Mädel durch eine frohe Schulzeit zu würdigen Staats- und Weltbürgern heranwachsen sollen. Ihre eigene Urteilskraft muß sie vor falschen Lehren der Gewalt und Tyrannei sichern. Auch Sie, deutsche Männer und Frauen, müssen Ihre Verantwortung lernen, besonders für das. was im Leben der Gemeinschaft geschieht. in der Sie leben.

13. In allen diesen Dingen werden wir mit den Amerikanern, mit den Russen und den Franzosen zusammenarbeiten.

14. Ich werde Ihnen keine fremden Erziehungsgrundsätze und Lehrmethoden aufzwingen. Es soll Ihnen freistehen, zu experimentieren und neue Ideen auszuprobieren. Meine Offiziere werden Ihnen dabei helfen. Was ich aber niemals dulden werde, ist eine Rückkehr zum Nationalsozialismus, zum Militarismus oder zum Angriffsgeist in irgendeiner Form.

15. Sie, deutsche Väter und Mütter, müssen Ihr Teil dazu beitragen, um Ihre Kinder auf einen gesunden Lebensweg zurückzuführen. Ich werde Ihnen helfen, und Sie müssen mir helfen! Das ist mein Befehl!

Die Überlegungen des britischen Feldmarschalls, gewissermaßen Ausführungsbestimmungen des Potsdamer Abkommens vom 2. August 1945, in dem es lediglich hieß, das deutsche Erziehungswesen müsse so überwacht werden, «daß die nazistischen und militaristischen Lehren völlig entfernt werden und eine erfolgreiche Entwicklung der demokratischen Idee möglich gemacht» werde, betreffen auch die Lehrerschaft. Montgomery: «Ich werde keinen Lehrer in der Schule dulden, dessen Vergangenheit nicht einer eingehenden Nachprüfung standhält.»
Aus diesen Überlegungen resultierten dann konkrete Anweisungen, die – getreu dem Prinzip des «indirect rule» – über die verschiedenen Regierungspräsidenten z. B. den örtlichen Schulaufsichtsbeamten zugeleitet wurden. So heißt es etwa in einer Verfügung des Regierungspräsidenten Arnsberg vom 16. August 1945 «an die Herren Schulräte des Bezirks»:

«1. Lehrer(-innen), die vor dem 1. April 1933 Mitglieder der Partei oder deren Gliederungen waren, können nicht wieder die Erlaubnis zum Unterrichten erhalten und sind mir zur sofortigen Entlassung anzugeben.
2. Desgleichen Lehrer(-innen), die einen aktiven öffentlichen Anteil an der Tätigkeit der NSDAP. oder ihrer Gliederungen nahmen.
3. Desgleichen Lehrer(-innen), die keinen öffentlichen Anteil an der Tätigkeit der NSDAP. nahmen, aber aktiv im Nazigeist in der Schule unterrichteten.
4. Desgleichen Lehrer(-innen), die – ganz gleich, ob sie Mitglieder der NSDAP. waren oder nicht – aus bestimmten nachweisbaren Gründen nach ihrer bisherigen politischen Betätigung nicht die Gewähr dafür bieten, daß sie jederzeit rückhaltlos für den demokratisch-republikanischen Staat eintreten werden.»

Der Hintergrund dieser Verfügung war das Entnazifizierungsverfahren des Jahres 1945, das sich auch in der britischen Besatzungszone ausschließlich an den amerikanischen Richtlinien orientierte, die im April 1945 festgelegt worden waren.

Bericht des Lehrers Hans G.:
«Wir mußten zunächst einen Fragebogen ausfüllen. Mit Hilfe dieses Fragebogens bemühten sich die Besatzungsbehörden, genauestens unsere politische Vergangenheit kennenzulernen. Der Fragebogen entschied über Einstellung oder Nichteinstellung in den Schuldienst.»

Obwohl die eigentliche Entscheidung in dieser Phase bei den Militärbehörden lag, bedienten diese sich aber wohl gerne der Mithilfe der von den Briten zuvor eingesetzten örtlichen Schulräte. Diese mußten sozusagen die Vorauswahl treffen. Hans G.: «Hatten wir den ‹Persilschein› in der Tasche, mußten wir uns in einer fünf Punkte umfassenden schriftlichen Erklärung verpflichten, die Erziehung der Kinder von allen nationalsozialistischen und militaristischen Einflüssen freizuhalten.» Diese Erklärungen wurden im Zimmer des Schulleiters aufbewahrt, wo sie durch die britischen Erziehungsoffiziere, die die Schulen regelmäßig visitierten, jederzeit eingesehen werden konnten.

Ab Januar 1946 erfuhr dieses Verfahren eine Reihe wesentlicher Veränderungen. Zum einen oblag nun das Entnazifizierungsverfahren Ausschüssen, deren Mitglieder von deutschen kommunalpolitischen Vertretern benannt wurden, auch wenn diese Ausschüsse formal nur beratende Funktion hatten. Das anschließende Entscheidungsverfahren der britischen Entnazifizierungsbehörden war kompliziert und vielschichtig, orientierte sich in der Praxis aber nahezu ausschließlich an den Empfehlungen der deutschen Ausschüsse. Zum andern wurde ab Januar 1946 gleichzeitig die Benutzung eines erweiterten Fragebogens verfügt. Er umfaßte zwölf Seiten mit insgesamt 133 Fragen, die in 9 Fragenkomplexe unterteilt waren.
Welche Fragen waren das im einzelnen? Allein 59 Fragen verlangten Aufschluß über die Mitgliedschaft in Organisationen, wobei nicht ausschließlich nach der Zugehörigkeit zur NSDAP und ihren Untergruppierungen gefragt wurde, sondern man darüber hinaus beispielsweise auch wissen wollte, ob jemand dem Werkschutz angehörte. Was die übrigen Fragen angeht, so zielten die Besatzungsbehörden ganz eindeutig darauf hin, herauszufinden, inwieweit ein Bewerber, wenn er vormals schon nicht Mitglied der NSDAP oder einer ihrer Suborganisationen war, so doch geistig in der Nähe der Nationalsozialisten angesiedelt werden konnte. Nur so erklären sich z. B. die Fragen nach Zeitpunkt und Gründen eines eventuellen Kirchenaustritts, nach Unterrichtstätigkeiten an National-politischen Bildungsanstalten und Adolf-Hitler-Ordensburgen, aber auch danach, für welche politische Partei man in der Novemberwahl 1932 gestimmt habe, ebenso wie nach «Veröffentlichungen aller Art und Reden». Wenn zudem beispielsweise im Teil A nach Narben und Schmissen gefragt wurde, so

Revised 1 January, 1946
First Reprint May 1946
C.C.G. (B.E.) PUBLIC SAFETY (Special Branch)

MILITARY GOVERNMENT OF GERMANY.

Fragebogen

ACHTUNG: Der Fragebogen muss in zweifacher Ausfertigung eingereicht werden

WARNING: Read through the Fragebogen carefully before filling it in. The English text will prevail if discrepancies exist between it and the German translation. Answers must be typewritten or written clearly in block letters. Every question must be answered precisely and conscientiously and no space is to be left blank. If a question is to be answered by either "yes" or "no," write the word "yes" or "no" in the appropriate space. If the question is inapplicable, indicate this by some appropriate word or phrase such as "none" or "not applicable." Add supplementary sheets if there is not enough space in the questionnaire. Persons making false or incomplete statements are liable to prosecution by Military Government.

WARNUNG! SORGFÄLTIG DURCHLESEN! In Zweifelsfällen ist die englische Fassung maßgebend. Mit Schreibmaschine oder deutlich in Druckschrift schreiben! Jede Frage genau beantworten! Fragen mit „Ja" oder „Nein" beantworten! Falls die Frage nicht mit „Ja" oder „Nein" beantwortet werden kann, müssen eindeutige Angaben gemacht werden, z. B. „keine" oder „unzutreffend". Im Falle von Platzmangel Bogen anheften! Falsche oder unvollständige Angaben sind gemäß der Verordnungen der Militärregierung strafbar.

A. PERSONAL = A. PERSÖNLICHE ANGABEN

1. Name position you hold, or for which you are being considered (including agency or firm). 2. Name (Surname) (Christian Name/s). 3 Other names which you have used or by which you have been known. 4. Date of birth. 5. Place of birth. 6. Height. 7. Weight. 8. Colour of hair. 9. Colour of eyes. 10. Scars, marks or deformities. 11. Present address (City, street and house number). 12. Permanent residence (City, street and house number). 13. Identity card, type and number. 14. Wehrpass No. 15. Passport No. 16. Citizenship. 17. If a naturalised citizen, give date and place of naturalization. 18. Name any titles of nobility which have been held by you or your wife or your respective parents and grand parents. 19. Religion. 20. With what church are you affiliated? 21. Have you ever severed your connection with any church, officially or unofficially. 22. If so, give particulars & reason. 23. What religious preference did you give in the census of 1939? 24. Name any crimes of which you have been convicted, stating dates, place and nature of the crimes.

1. Augenblickliche oder angestrebte Stellung . . . . **2. Name** . . . .
Zu(Familien)name

3. Andere von Ihnen benutzte Namen oder solche, unter welchen Sie bekannt waren oder sind) . . . .
Vor(Tauf)name(n)

4. Geburtsdatum . . . . **5. Geburtsort** . . . .

6. Größe . . . . **7. Gewicht** . . . . **8. Haarfarbe** . . . .

9. Farbe der Augen . . . .

10 Besondere Merkmale (Narben, Schmisse, Geburtsmerkmale, Verstümmelungen, Tätowierungen) oder **Entstellungen** . . . .

. . . .

11. Gegenwärtige Anschrift . . . .
(Stadt, Straße und Hausnummer)

12. Ständiger Wohnsitz . . . .
(Stadt, Straße und Hausnummer)

81 *Erweiterter Entnazifizierungsfragebogen.*

▷

	1. *Yes or No* Ja oder nein	2. *From* Von	3. *To* Bis	4. *Number* Nummer	5. *Highest Office or rank held* Höchstes Amt oder höchster Rang	6. *Date Appointed* Antrittsdatum
41. NSDAP.						41.
42. Allgemeine SS.						42.
43. Waffen-SS.						43.
44. Sicherheitsdienst der SS.						44.
45. SA.						45.
46. HJ. einschließlich BdM.						46.
47. NSDStB.						47.
48. NSDoB.						48.
49. NS.-Frauenschaft						49.
50. NSKK.						50.
51. NSFK.						51.
52. Reichsb. der deutschen Beamten						52.
53. DAF. einschließlich NSBO.						53.
54. KdF.						54.
55. NSV.						55.
56. NS.-Reichsb. deutsch. Schwestern						56.
57. NSKOV.						57.
58. NS.-Bund Deutscher Technik						58.
59. NS.-Ärztebund						59.
60. NS.-Lehrerbund						60.
61. NS.-Rechtswahrerbund						61.
62. Deutsches Frauenwerk						62.
63. Reichsbund Deutsche Familie						63.
64. NS.-Reichsbund für Leibesübungen						64.
65. NS.-Altherrenbund						65.
66. Deutsche Studentenschaft						66.

67. Deutscher Gemeindetag						67.
68. NS.-Reichskriegerbund						68.
69. Reichsdozentenschaft						69.
70. Reichskulturkammer						70.
71. Reichsschrifttumskammer						71.
72. Reichspressekammer						72.
73. Reichsrundfunkkammer						73.
74. Reichstheaterkammer						74.
75. Reichsmusikkammer						75.
76. Reichskammer der bildenden Künste						76.
77. Reichsfilmkammer						77.
78. Amerika-Institut						78.
79. Deutsche Akademie München						79.
80. Deutsches Auslandsinstitut						80.
81. Deutsche-Christen-Bewegung						81.
82. Deutsche Glaubensbewegung						82.
83. Deutscher Fichte-Bund						83.
84. Deutsche Jägerschaft						84.
85. Deutsches Rotes Kreuz						85.
86. Ibero-Amerikanisches Institut						86.
87. Institut zur Erforschung der Judenfrage						87.
88. Kameradschaft USA.						88.
89. Osteuropäisches Institut						89.
90. Reichsarbeitsdienst (RAD.)						90.
91. Reichskolonialbund						91.
92. Reichsluftschutzbund						92.
93. Staatsakademie für Rassen- und Gesundheitspflege						93.
94. Volksbund für das Deutschtum im Ausland (VDA.)						94.

Alle Lehrer, die zum Unterricht an den Schulen wieder zugelassen wurden, mußten sich vorher in einer schriftlichen Erklärung verpflichten, die Erziehung der Kinder von allen nationalsozialistischen und militaristischen Einflüssen frei zu halten. Die Erklärung enthielt folgende fünf Punkte:

«Die Lehrer verpflichten sich, nichts zu tun, was geeignet wäre,

1. den Militarismus zu verherrlichen,
2. die nationalsozialistische Weltanschauung zu rechtfertigen oder neu zu beleben und die nationalsozialistischen Führer reinzuwaschen,
3. eine Politik ungleicher Behandlung verschiedener Rassen und Religionsbekenntnisse zu fördern,
4. eine feindselige Handlung gegenüber den Vereinten Nationen hervorzurufen oder die Beziehungen zwischen den Vereinten Nationen zu stören,
5. der Kriegsvorbereitung zu dienen, sei es auf dem Gebiete der Wissenschaft, Wirtschaft oder Industrieproduktion oder durch die Förderung des Studiums militärischer Geographie.»

deshalb, weil die Alliierten dies sofort in Verbindung mit den deutschen Burschenschaften brachten, die aus ihrer Sicht von jeher ebenso ein Hort der Reaktion waren wie der deutsche Adel, dem sie gleichfalls von vornherein unterstellten, mit dem Nationalsozialismus sympathisiert zu haben.

Für viele Lehrer war 1945/46 die Entnazifizierung im allgemeinen und der Fragebogen im besonderen der Anfang vom Ende. In Gelsenkirchen z. B. waren auf diese Weise zum 31. Oktober 1945 359 Lehrer zum Unterricht zugelassen, 78 Lehrern verwehrten die Engländer die Rückkehr an die Schule. Über die Anträge von 315 weiteren Lehrern war zu diesem Zeitpunkt noch nicht entschieden. Da in den Gelsenkirchener Volksschulen zum 1. April 1946 schließlich insgesamt 539 Lehrer beschäftigt waren, kann man jedoch davon ausgehen, daß seit dem 31. Oktober 1945 mindestens 135 weitere Lehrer die Folgen der Entnazifizierung zu spüren bekamen. Die Bilanz: Wenigstens ein Viertel aller sich bewerbenden Lehrkräfte konnte auf eine NS-Vergangenheit zurückblicken.

Nicht viel anders stellte sich die Situation in Mülheim dar: Rund 35 Prozent aller Volksschullehrer waren, so die «Ruhr-Zeitung» in ihrer Ausgabe vom 10. Oktober 1945, als ehemalige Mitglieder der NSDAP vom Dienst suspendiert. In Herne lag die Zahl der «amtsenthobenen« Lehrer am 1. August 1945 gar bei sage und schreibe 46 Prozent! Die Zahl von rund 20 Prozent, die aus politischen Gründen zunächst in Duisburg nicht wieder in den Schuldienst übernommen wurden, dürfte der Realität in der britischen Zone insgesamt jedoch am nähesten kommen. Sehr viel größer aber war wohl der Anteil ehemaliger NSDAP-Mitglieder und -Parteigänger unter den früheren Schulleitern.

Am 8. Dezember 1945 stellt die Schulabteilung des Regierungspräsidenten Münster fest, daß von den 144 im Bezirk zu diesem Zeitpunkt bereits wieder zugelassenen Schulleitern 106, also fast drei Viertel, ehemalige Mitglieder der NSDAP sind, davon 20 Prozent schon seit dem Jahre 1933:

«Das Erziehungswerk, insbesondere der geistige Wiederaufbau des deutschen Volkes wird hierunter leiden. Eine fruchtbare Entnazifizierung des deutschen Volkes wird in erster Linie durch entsprechende geistige Heranbildung der deutschen Jugend gewährleistet. Hierzu sind Schulleiter erforderlich, die der NSDAP nicht angehört haben und in keiner Weise verdächtig sind, irgendwo mit den Grundsätzen der nationalsozialistischen Idee sympathisiert zu haben.»

Der Regierungspräsident verlangt von allen lokalen Behörden, die schon zugelassenen Rektoren wieder ihres Amtes zu entheben und politisch unbeschadete «bewährte Lehrkräfte» mit der Schulleitung zu betrauen. Diese Anordnung des Regierungspräsidenten Minster zeigt aber gleichzeitig, daß – so sehr man auch von deutscher Seite den Willen zur «Ausrottung» des Nazi-Geistes betonte – im Verlauf der Entnazifizierungspraxis manches in anderen Bahnen verlief als man beabsichtigte. Zum anderen darf man sich von der scheinbaren Strenge dieser Verfügung nicht täuschen lassen. Denn nur wenige Monate nach seinem strikten «Nein», am 18. April 1946, verfügt ebenfalls der Regierungspräsident Münster:

«Es besteht die Möglichkeit, dass ausnahmsweise solche Schulleiter, die nachweislich... vor 1933 bereits Schulleiter waren,... später der NSDAP. beitraten,... jedoch kein Amt in der Partei oder in den angeschlossenen Organisationen bekleideten,...innerlich der NSDAP. fernstanden,... infolge ihrer Parteizugehörigkeit jedoch aus dem Amt eines Schulleiters entlassen oder zurückversetzt wurden, wieder in das Amt eines Schulleiters berufen werden können, wenn seitens des zuständigen Schulrats, des Landrats und des Bürgermeisters entsprechende Anträge gestellt werden. Vorgenannte haben die Verantwortung dafür zu übernehmen, dass die Schulleiter, die von ihnen vorgeschlagen werden, nicht nur tragbar sind, sondern vielmehr von der Elternschaft als Schulleiter gewünscht werden. Zusätzlich können Leumundszeugnisse auch anderer Personen oder Organisationen den Antrag auf Wiedereinstellung eines Schulleiters wirksam unterstützen.»

Alles in allem reichte die Zahl der Lehrer dennoch nicht aus und die Schulen mußten sich zumindest vorübergehend mit den wenigen Lehrern behelfen, die ihnen zur Verfügung standen. Zwangsläufig mußte das zu Lasten der unterrichtenden Lehrer aber auch der von ihnen unterrichteten Schulkinder gehen. Klassenstärken von 60 bis 70 Kindern müssen für Ende 1945/ Anfang 1946 als normal betrachtet werden und erschwerten den Schulbetrieb zusätzlich zu den geschilderten Schwierigkeiten. Fast immer waren einem Lehrer zwei Klassen zugewiesen. Das hieß, er hatte 90, 120, 140 Kinder zu betreuen. In Schichten erteilten sie Unterricht. Während jedoch die Kinder, in zwei, drei und vier Schichten unterrichtet, zu wenig Unterricht bekamen, erstickten die Lehrer beinahe unter dessen Last. Denn Schichtunterricht hieß für sie: Arbeit zwischen acht Uhr morgens und fünf Uhr nachmittags. Die Lehrer dieser Zeit erbrachten den «Höchsteinsatz», wie ihn die Schulaufsicht der Stadt Herne im November für ihren Bereich angekündigt hatte: Neun Stunden Unterricht in mehr als provisorischen Klassenräumen, mit Kindern, deren Konzentrationsfähigkeit angesichts des allgemeinen Hungers dem Nullpunkt nahekam, daneben die Mithilfe beim Wiederaufbau der Schule und – mit den gleichen Sorgen und Existenznöten belastet wie jeder andere auch. Denn den Lehrern ging es nicht besser. Sie litten Not – so wie die meisten Menschen der Zeit. Sicherlich spielt dabei auch eine Rolle, daß die Lehrerschaft nicht zuletzt infolge der Entnazifizierung völlig überaltert war. Für das Ruhrgebiet ist die Alterszusammensetzung der Lehrerschaft unmittelbar nach Wiederbeginn der Schule nicht bekannt. Es gibt aber keinen Grund anzunehmen, daß sie sich sehr wesentlich von der der amerikanischen Zone unterschieden hätte. Und hier lag das Durchschnittsalter der Lehrerschaft bei 52 Jahren, wobei mehr als die Hälfte über 60 Jahre alt war.

Immer wieder hören caritative Organisationen und auch Behörden gerade von notleidenden Lehrern. Da sind der Essener Schulaufsicht Fälle von Hungerödemen, körperlichen Zusammenbrüchen und Krankenhausaufenthalten wegen Erschöpfungszuständen bekannt. Der Mülheimer Schulbehörde werden Berichte zugetragen, daß eine Schulleiterin ihre Möbel nach und nach verkaufe, um Schwarzmarktpreise bezahlen zu können. All das sind nur Einzelbeispiele, und dennoch sind sie typisch für die Zeit.

Die folgenden Jahre bringen wenn auch keine grundlegende, so doch

82 *Die Lehrerschaft war als Folge der Entnazifizierung 1945/46 völlig überaltert.*

eine leichte Besserung mit sich. Stieg innerhalb der zweiten Hälfte des Jahres 1945 und auch noch 1946 die Zahl der Schüler rapide an, ohne daß die Anzahl der Lehrer hätte Schritt halten können – Steigerungsraten von 100 Prozent auf seiten der Schüler waren in den meisten Ruhrgebietsstädten keine Seltenheit –, so zeigten die Jahre 1947 bis 1949 die gegenläufige Entwicklung: die Zahl der Schüler stagnierte beinahe, die Zahl der Lehrer nahm zu. Von 1947 an wiesen die Schulen der Ruhrgebietsstädte Klassenstärken in Volksschulen von um 55 Kindern auf. Die Lehrer sind jetzt fast ausschließlich für nur noch eine Klasse zuständig. Ihre Belastung nimmt allmählich ab.
Ob die Ursache für diese positive Entwicklung nur auf die «aus dem Felde heimkehrenden Lehrer» zurückzuführen ist, darf bezweifelt werden. Auch der Zustrom an «Flüchtlingslehrern», also solcher Lehrer, die aus den polnisch besetzten Gebieten und aus der sowjetischen Besatzungszone in die britische Zone gekommen waren, dürfte allein nicht den entscheidenden Ausschlag gegeben haben. Es muß vermutet werden, daß Veränderungen in der Entnazifizierungspraxis von richtungsweisender Bedeutung waren. Seit dem Oktober 1946 galt eine neue Kontrollratsverordnung, die auch für die britische Zone statt der bisherigen Unterteilung des Personenkreises, der sich der Entnazifizierung zu unterziehen hatte, in die drei Kategorien «automatische Entlassung», «Suspendierung» und «Belassung» genau wie in der amerikanischen Zone fünf Gruppen unterschied: Hauptschuldige, Belastete (Aktivisten, Militaristen und Nutznießer), Minderbelastete (Bewährungsgruppen), Mitläufer und Entlastete (Personen der vorstehenden Gruppen, welche vor einem Ausschuß nachweisen können, daß sie nicht schuldig sind). Ab April 1947 oblag den deutschen Ausschüssen allein-verantwortlich die Einteilung der dem Verfahren unterliegenden Personen in die Kategorien «Belastete», «Minderbelastete» und «Entlastete», lediglich die Fragen nach endgültiger Entlassung und weiterer Suspendierung behielten sich die alliierten Besatzer vor. Für viele Lehrer bedeutete dies veränderte Kategorisierungsverfahren einen neuen Anfang, ebenso wie es allerdings z.T. das Verfahren selbst beschleunigte. An einer Gelsenkirchener Schule z. B. wurden allein drei von fünf vorläufig suspendierten Lehrern, wie die Chronik dieser Schule ausweist, Anfang 1947 wieder in den Schuldienst übernommen.

Die Entnazifizierungspraxis dieser Phase gerade in den Schulen, bei der immer häufiger Lehrer zum Schuldienst zugelassen wurden, gegen die aus politischen Gründen eigentlich erhebliche Bedenken hätten bestehen müssen, führte häufig zu großem Unmut. So wendet sich z. B. der Unterausschuß für die politische Überprüfung der Lehrerschaft der Stadt Duisburg schon im Februar 1947 an den Kultusminister des Landes Nordrhein-Westfalen:

«In der letzten Zeit ist eine Anzahl von Parteigenossen durch Entscheidung der Militärregierung als geeignet für den Schuldienst... wieder zugelassen worden. Unter ihnen befinden sich auch Inhaber von Beförderungs- und Schulleiterstellen, deren Beförderung nach 1933 und somit zweifellos nur im Einverständnis der Partei und unter Berücksichtigung ihrer Parteimitgliedschaft erfolgt ist. Da die Militärregierung es ablehnt, über die Dienststellung bzw. Einstufung der betreffenden Erzieher eine Vorschrift zu erlassen, entsteht die befremdliche Tatsache, dass diese ehemaligen Parteigenossen ohne weiteres in ihre frühere Stellung einrücken. In weiten Kreisen der Erzieherschaft und der Bevölkerung wird es als untragbar empfunden, wenn auf diese Weise frühere Parteigenossen wieder in den ungeschmälerten Genuss ihrer in der Nazizeit durch bereitwillige Gleichschaltung erworbenen Vorteile gelangen und sogar wieder als Vorgesetzte amtieren sollen.»

Der Kultusminister stellt zwar zu derartigen Fällen fest, daß ein ehemaliger «Pg» (= Parteigenosse der NSDAP, d. Verf.) nicht in leitender Funktion eingesetzt werden sollte, auch wenn er entlastet wurde. Nur für den Fall, daß alle übrigen Bewerber für eine Schulleitung ungeeignet seien, d.h. die Schule unter ihrer Amtsführung leiden müßte, könne man von diesem Prinzip abweichen. «Eine geringfügige Mindereignung in wissenschaftlicher, methodischer oder organisatorischer Hinsicht wird durch bewährte Gegnerschaft während der Herrschaft des Nationalsozialismus ausgeglichen, und deshalb ist diese Tatsache bei Besetzung einer Leiterstelle hinreichend zu würdigen.» Gleichzeitig sieht die durch den Kultusminister angewiesene Praxis bei der Wiederverwendung entnazifizierter («einfacher») Lehrer aber lediglich vor, «daß Lehrkräfte, die durch ihr förderndes Eintreten für die Ideologie des Nationalsozialismus Ansehen und Glaubhaftigkeit bei ihren Schülern und bei der Bevölkerung eingebüßt haben, von ihrer bisherigen Schule versetzt werden, damit das Ansehen der Schule und ihre Erziehertätigkeit nicht leidet.» In der Folgezeit wird jedoch auch diese Haltung offenbar noch stärker aufgeweicht. Dies geht eindeutig aus einer Weisung des Regierungspräsidenten Münster vom 6. Januar 1948 hervor. Darin heißt es:

«Im Jahre 1945 habe ich veranlaßt, dass alle Schulleiter, die Mitglieder der NSDAP. waren, die Leitung der Schule an Nichtparteigenossen abgegeben haben. Ich hatte damals bereits in Aussicht gestellt, dass nach einer gewissen Bewährungszeit auf die wertvollen Kräfte zurückgegriffen werden solle... Ich beabsichtige nunmehr, entsprechend einer Anregung, die der Herr Innenminister in Verbindung mit dem Herrn Kultusminister gegeben hat, bewährte Schulleiter, die nur nominelle Mitglieder der NSDAP. waren und politisch nicht hervorgetreten sind, dem Herrn Kultusminister für die Wiederübernahme ihres früheren Amtes namhaft zu machen. Die mit der Wahrnehmung der Schulleitergeschäfte inzwischen beauftragten Lehrpersonen genügen nicht allerorts den in der heutigen Zeit in besonderem Maße an sie zu stellenden fachlichen und organisatorischen Anforderungen.»

Voraussetzung hierfür war allerdings eine nachträgliche Entlastung durch den Entnazifizierungsausschuß. Dennoch ist es erstaunlich, wie auf einmal aus «untragbaren» Personen «wertvolle Kräfte» werden konnten. Die Entnazifizierung war zu einem stumpfen Schwert geworden.
Die Zahl der Lehrer erhöhte sich dadurch allerdings zweifelsohne. Aber auch die Neuausbildung von Lehrern trug hierzu bei. Man begann damit gleichzeitig mit der Wiederöffnung der Schulen. Bis Mitte Januar 1946 waren im Ruhrgebiet bereits drei Lehrerseminare mit 465 Studierenden in Betrieb. Vier weitere wurden in den nächsten Monaten eröffnet. Bis September 1946 gab es in der gesamten britischen Zone schließlich 35 Lehrerseminare und -ausbildungsstätten mit mehr als 4000 Studierenden.
Der Begriff des Seminars täuscht jedoch eine fundierte theoretische Ausbildung vor, die es – zumindest im Anfang – nicht gab. Es waren «Notlehrgänge», die die künftigen Lehrer auf den Unterrichtseinsatz vorbereiteten. Diese «Lehrer-Notausbildungskurse» wurden auf Anordnung der britischen Militärregierung eingeführt und dauerten ein Jahr. Die Teilnehmer wurden in Internaten untergebracht. Kosten entstanden ihnen nicht. Dabei war es im Prinzip gleichgültig, welche Vorbildung die Bewerber, die mindestens 28 Jahre alt sein mußten und höchstens 38 sein durften, mitbrachten. Wer über das Reifezeugnis verfügte, brauchte indes im Gegensatz zu den anderen Aspiranten keine Aufnahmeprüfung abzulegen, um den erforderlichen Bildungsstand nachzuweisen. Für alle gleichermaßen als Voraussetzung wurde die entsprechende politische Eignung gefordert. Hier wurden ähnliche Maßstäbe angelegt wie bei der Wiederbeschäftigung von schon ausgebildeten Lehrern.

In der Lokalpresse der meisten Ruhrgebietsstädte wurde für diese Art von Ausbildung kräftig geworben. Und die Resonanz war zumeist recht groß. Die Eignungsprüfungen trennten aber dann doch die Spreu vom Weizen. Viele Bewerber erwiesen sich als ungeeignet. Diejenigen, die Aufnahme fanden, wurden in dem einen Jahr Ausbildung mit dem Notdürftigsten versehen.

Schreiben des für Wanne-Eickel zuständigen Schulrats vom 10. April 1947:
«Das Wissen der Kursisten in Psychologie und Pädagogik war ausnahmslos groß. Auch die allgemeine Unterrichslehre wurde gut beherrscht. Die Methodik der einzelnen Fächer dagegen, besonders der Realien, bedarf aber einer gründlichen Vertiefung in unbedingt notwendigen Fortbildungstagungen. Um in diesen Fächern ein größeres Wissen und sicheres methodisches Können zu erreichen, war die einjährige Ausbildungszeit zu kurz. Trotzdem fast alle Teilnehmer meines Lehrgangs Abiturienten waren, ergab sich doch oft ein ziemlich dürftiges Bild im Allgemeinwissen.»

So wurden die Absolventen auf die Schüler losgelassen. Es war für sie wie der Sprung ins kalte Wasser. Es hieß nun, sich in der Praxis zu bewähren und die vorhandenen Lücken durch Eigeninitiative zu füllen. Denn die angekündigten Fortbildungstagungen fanden kaum statt. Dafür war zumindest bis 1947 keine Zeit. Man war froh, wenn der Unterricht lief. Und das war vorrangig.

4. Dachpfannen, Zeitungsränder und die Erziehung zur Demokratie

Aller guten Dinge sind drei, heißt es im Volksmund. Was in diesem Falle nicht gilt. Richtigerweise müßte es heißen, daß aller schlechten Dinge drei sind. Es herrschte nicht nur verheerende Schulraumnot nach Kriegsende, es mangelte nicht nur an Lehrern, auch die Frage nach Lehr- und Lernmitteln, also nach Schulbüchern, Landkarten, Tafeln, Kreide, Heften, Bleistiften und all den Dingen mehr, die Lehrer und Schüler normalerweise brauchen, um richtig unterrichten und lernen zu können, blieb unbeantwortet.

Nach der Schließung der Schulen des Ruhrgebiets 1943/44 hatte eine Reihe von Lehrern und Schulleitern eben diese Dinge kurzerhand aus ihren Schulen mit in die Lager der Kinderlandverschickung genommen, um wenigstens noch einen leidlichen Unterricht erteilen zu können. Bei der häufig Hals über Kopf vollzogenen Rückkehr aus diesen Lagern, die ja auch in der russisch besetzten Zone oder aber auf dem Gebiet der heutigen Tschechoslowakei zu finden waren, blieben sie zumeist an Ort und Stelle. Andere Unterrichtsmaterialien waren – samt Mobiliar – von der Bevölkerung «in Sicherheit gebracht worden.» Die Aufforderung der Behörden «entnommene Unterrichtsmittel» zurückzubringen, blieb – selbst bei Androhung von Strafe für den Fall, daß die Dinge nicht zurückgegeben würden – ohne Echo. Aber selbst wenn derartige Aufrufe Erfolg gezeigt hätten, wäre nur ein geringer Teil der zurückgebrachten Dinge einsetzbar gewesen. Was die Schulbücher angeht, so waren sie, sofern sie aus der NS-Zeit stammten, samt und sonders verboten. Hier legte man seitens der Besatzungsbehörden weitaus strengere Maßstäbe als bei der Entnazifizierung an und – blieb

83 *Lehr- und Lernmittel gibt es so gut wie gar nicht mehr. Die meisten Wandtafeln sind völlig unbrauchbar.*

4. Borkenkäfer oder
Buchdrucker

Die britische Militärregierung im September 1945 über deutsche Schullesebücher:
«Im Gegensatz zu den englischen Schulen, in denen man den Gebrauch von vollständigen Ausgaben ausgewählter Schriftsteller als Lesebücher bevorzugt, gebrauchen die deutschen Schulen Bücher, die Sammlungen von kurzen Geschichten verschiedener Schriftsteller enthalten ....Viele dieser Geschichten, obgleich sie möglicherweise an sich nicht sehr schädlich sind, sind doch sehr gefährlich, wenn sie so zusammengestellt sind, dass sie eine Stufenfolge von Krankhaftem und von Gewalttätigkeit darstellen.»

durchgängig konsequent über Jahre hinweg.
Besonders kritisch wurden die deutschen Lesebücher betrachtet. Sie übten, so die Ansicht der britischen Militärregierung im September 1945, «den grössten Einfluss auf den Geist der Kinder... aus».
Aber nicht nur Lesebücher, selbst Fibeln und sogar Rechenbücher durften nicht einmal übergangsweise benutzt werden.
Wenn Geschichts-, Erdkunde- und Biologiebücher in diesem Zusammenhang nicht erwähnt werden, so deshalb, weil diese heiklen Fächer seitens der Besatzungsmacht zunächst gänzlich vom Stundenplan der im Verlaufe des Herbstes 1945 bzw. Frühjahr 1946 allmählich ebenfalls eröffneten oberen Klassen und weiterführenden Schulen verbannt worden waren. Sie waren es ja, die dem Transport der NS-Ideologie in der Schule besonders dienlich waren und dies auch weiterhin hätten sein können.
Die Gefahr, daß vor allem rassische und militaristische Lehren in den Fächern Biologie, Geschichte und Geographie in unbotmäßiger Weise zur Sprache kommen könnten, erschien den Engländern insbesondere angesichts fehlender ausreichender Kontrollmöglichkeiten zu groß. Die Fächer wurden verboten. Zudem wurde der Schulsport, der in der NS-Zeit als vormilitärisches Übungsfeld gedient hatte, mit Einschränkungen versehen: Körperertüchtigung – ja, paramilitärische Aufbauarbeit – nein! Ganz abgesehen davon, daß im Hinblick auf die bestehende Ernährungslage die Kinder viel zu geschwächt waren, und es wenig sinnvoll war, sie überhaupt körperlichen Belastungen, wie sie der Sport darstellt, auszusetzen. Erst vom Schuljahr 1947/48 an schien die Gefahr nationalsozialistischer Indoktrination weitgehend gebannt. Mit Vorliegen neuer Lehrpläne erhielten auch die «geächteten» Fächer eine neuerliche Zulassung zum Unterricht. Dabei sollten die Lehrer aber nach den Vorstellungen des Militärgouverneurs im Regierungsbezirk Münster auf jeden Fall die Behandlung von Kriegsgeschichte vermeiden. «Politische Geschichte soll nur dann genommen werden, wenn sie gar nicht zu umgehen ist, und dann nur in den oberen Klassen. Das Hauptgewicht sollte auf der sozialen Geschichte (Kulturgeschichte) ruhen.» Im Erdkundeunterricht schuf die Grenzziehung auf noch vorhandenen alten Landkarten Probleme. Bis zur Erstellung neuer Karten durften nur die physikalischen verwendet werden.

Der Anfangsunterricht, zu allererst galt er ja wirklich nur den Schulanfängern, war somit auf die Vermittlung von Lesen, Schreiben und Rechnen, mancherorts durch Zeichnen und Gesang erweitert, beschränkt, ergänzt durch die Fächer Heimatkunde und Religion. Aber selbst dies erwies sich angesichts der fehlenden Hilfsmittel als überaus schwieriges Unterfangen. Wie wollten Lehrer ohne eine nennenswerte Zahl von Büchern, z.T. ohne Tafeln und Kreide, in verkürztem Schichtunterricht Kindern, deren Mägen vor Hunger knurrten und die kaum Platz in den ungemütlichen Klassenzimmern fanden, Lesen und Schreiben beibringen?
Für die Besatzungsmächte schien dies ein Problem von nachrangiger Bedeutung. Ernsthaft gab die Provinzialmilitärregierung der Briten für den Bereich Westfalen am 30. Januar 1946 zu bedenken:

Schon am 22. November 1945 hatte die britische Militärregierung in einer «Anweisung über Erziehung, Jugendpflege und Deutsche kirchliche Angelegenheiten» festgelegt, daß
«jeder Unterricht in irgendeinem Fach verboten... (werde), wodurch ... der Militarismus verherrlicht wird, ... die Lehren des Nationalsozialismus verbreitet, erneuert oder entschuldigt werden oder wodurch die Leistungen nationalsozialistischer Führer gepriesen werden; .... eine Politik der unterschiedlichen Behandlung aus Gründen der Rasse, Farbe, politischen Anschauung oder Religion begünstigt wird; .... Feindschaft gegen irgendeine Nation erzeugt oder internationale Uneinigkeit geschaffen werden kann, oder... Krieg, Mobilmachung oder Vorbereitung zu Krieg... erläutert oder das Studium von militärischer Erdkunde oder Kriegsgeschichte gefördert wird.»

«Ein einfallsreicher Lehrer (könnte) durchaus imstande sein..., Lesen ohne Lehrbuch zu lehren... Um dies durchzuführen, könnte ein Lehrer auf eigene Verantwortung Stoff aus einem Buch wiedergeben oder sich selbst Stoff zusammenstellen und diesen so verwenden, wie er es mit Genehmigung...für geeignet hält, vorausgesetzt, dass dieser Stoff nicht im Widerspruch mit den Befehlen der Militärregierung steht.»

Er würde natürlich solche Befehle übertreten, wenn er ganze Abschnitte aus einem verbotenen Buch an die Tafel schreibe. Wen wundert es, wenn angesichts derart absurder und praxisferner Vorstellungen genau das, was man nicht wollte, geschah.

Darüber hinaus kam die pädagogische Phantasie und erhöhter Arbeitseinsatz in den Ferien zum Zuge. Der Wiederaufbau der Schule wurde in dieser Zeit ebenso betrieben wie die Erstellung von Lehrmitteln. Fibeln wurden in Eigenregie hergestellt. Und zur besseren Veranschaulichung bastelte man große Druck- und Schreibschriftbuchstaben aus altem Karton.

Offiziell konnte man nur auf die (erlaubten) Schulbücher aus der Zeit vor 1933 zurückgreifen.

Davon standen aber nicht genügend zur Verfügung. Nicht einmal jeder Lehrer war damit versorgt. Und Aufrufe an die Bevölkerung wie der der Stadt Herne vom Juni 1945, also vor Eröffnung der Schulen in dieser Stadt, nachzusehen, ob der eine oder andere nicht «Lernmittel» zu Hause habe, die noch einsetzbar seien, wobei man insbesondere an Fibeln, Lese- und Rechenbücher für das erste bis vierte Schuljahr gedacht hatte, blieben meistens ohne Resonanz. Wie sollte die Bevölkerung auch noch darüber verfügen? Entweder waren die Büchen während der Nazizeit schon weggeworfen, oder aber später als Brennmaterial eingesetzt worden. Da half auch nicht die Ankündigung, daß man die Bücher «auf Wunsch» sogar «angemessen» bezahlen wolle.

Auch mit Hilfe des sogenannten Schulbuchnotprogramms der Alliierten konnte der akute Mangel an Büchern nicht rasch genug beseitigt werden. Dieses Programm reicht mit seinen Vorbereitungen bis ins Frühjahr 1944 zurück. Im wesentlichen regelte es den Neudruck von Lehrwerken aus der Weimarer Zeit. Auf einen Einsatz von britischen oder amerikanischen Schulbüchern verzichtete man auf seiten der alliierten Erziehungsexperten aus psychologischen Gründen bewußt, obwohl man den Bücherengpaß bereits absah.

Die seit Juli 1945 drastisch angekurbelte Produktion nicht nur von Büchern aus der Weimarer Zeit, sondern auch von Neuerscheinungen konnte mit dem Bedarf nicht Schritt halten. Zum einen dauerte die Prüfung von Manuskripten neuer Bücher durch die Schulbuchausschüsse, die die Briten seit Ende 1945 auf lokaler ebenso wie auf überregionaler Ebene eingesetzt hatten, recht lange, zum andern «flossen» die Manuskripte durchaus nicht so zahlreich wie man es sich ursprünglich erhofft hatte.

Im August 1945 empfiehlt die Schulabteilung des Regierungspräsidenten in Münster den Gelsenkirchener Schulräten wegen der übergroßen Knappheit an Lehrbüchern deshalb, die vorhandenen Bücher nur an einige Schulen auszugeben und dort eine derartige Aufteilung vorzunehmen, daß auf jeweils zwei Kinder ein Buch entfalle. Bei Parallelklassen rate man den Gebrauch eines Buches in mehreren Klassen an. Bis Ostern 1947 gab es in vielen Volksschulen des Ruhrgebiets für die Kinder kaum Bücher. Erst dann begann sich die Lage nach und nach zu bessern. Aber selbst 1949 war der Mangel noch nicht vollständig behoben.

Auch der im November 1945 in der britischen Zone eingeführte Schulfunk konnte die klaffende Lücke nicht einmal provisorisch schließen. Täglich, d.h. von montags bis samstags, zweimal, vormittags und – als Wiederholung, von der man zu Beginn, im Jahre 1945, nicht einmal wußte, ob man sie zu senden imstande war, da entsprechendes Plattenmaterial zur Aufnahme fehlte – nachmittags, konnte man den Schulfunk von einer Dreiviertelstunde bis einer Stunde Dauer hören. Jedes einzelne Thema wurde in zwanzig Minuten abgehandelt. Die Grundschule wollte man mit Themenbereichen wie «Märchen» und «Heimatkunde» ebenso ansprechen wie später auch die höheren Klassen, denen man eine breitere inhaltliche Palette präsentierte, die von den «Naturwissenschaften» bis zum «Gartenbau» reichte.

Wenn die Sendungen überhaupt von den Schulen empfangen wer-

Der heute pensionierte Rektor einer Gelsenkirchener Schule, der als Hilfslehrer Ende 1945 begann, erinnert sich:
«Da wir überhaupt keine Arbeitsmaterialien hatten, wir außerdem eine nur ganz oberflächliche Ausbildung genossen hatten, mußten wir uns irgendwie behelfen. So griffen wir auf die alten Nazi-Lehrbücher zurück. Wir setzten sie zwar nicht im Unterricht ein, das war völlig ausgeschlossen, aber zur Vorbereitung wurden sie doch von etlichen Kollegen verwendet.»

Schreiben des Regierungspräsidenten Arnsberg vom 11. März 1946 an den Oberbürgermeister der Stadt Wanne-Eckel über die Beschlagnahme von Rundfunkgeräten:
«Die Landräte und Oberbürgermeister sind dafür verantwortlich, daß jede Schule sofort mit wenigstens einem Empfangsgerät versehen wird. Wenn sich keine andere Möglichkeit der Beschaffung ergibt, sind die Geräte aus Privathäusern zur leihweisen Überlassung an die Schulen zu beschlagnahmen. Die Durchführung dieser Maßnahmen ist den Polizeibehörden zu übertragen. Dabei ist es selbstverständlich, daß für die Beschlagnahme in erster Linie solche Apparate in Frage kommen, die sich noch im Besitz ehemaliger Nationalsozialisten befinden. Es sind nur gute Geräte zu beschaffen; sogenannte Volksempfänger scheiden aus.»

den konnten! Der häufig fehlende oder ausfallende elektrische Strom bedeutete die eine Schwierigkeit, die nicht vorhandenen Rundfunkgeräte die andere. Ist es noch relativ einfach, den Stromausfall einzukalkulieren und wettzumachen, indem man die Sendungen wiederholt, so ist es schon schwieriger, eine geeignete Lösung für die Beschaffung der Radiogeräte zu finden. Denn an vier von fünf Schulen in der britischen Zone existiert kein Rundfunkempfänger. Eine Produktion von Geräten in für die Schulen hinreichender Zahl schien 1946 gleichfalls völlig ausgeschlossen. Also appellierte man britischerseits an Vernunft und Einsicht der deutschen Eltern: Es gebe (im Januar 1946) annähernd 13000 Volks- und Mittel- sowie rund 600 höhere Schulen in der britischen Zone. Dagegen stünden 2,4 Mio. Haushaltungen mit einer Rundfunkerlaubnis. «Die Versorgung der Schulen mit Rundfunkgeräten aus privaten Quellen wird also der Zivilbevölkerung keine wesentliche Härte auferlegen.»
Doch häufig kommt es anders als man denkt. Die Bereitschaft der deutschen Eltern, ihre Radiogeräte den Schulen freiwillig, wenn auch nur leihweise, zur Verfügung zu stellen, war wohl nicht so groß, wie es sich die Verantwortlichen in der Erziehungsabteilung der britischen Militärregierung wünschten. Wie so oft, wenn Bitten und Appelle nicht fruchten, wird der Druck stärker: (zeitweilige) Enteignung wurde angeordnet.
Die Eigentümer der beschlagnahmten Geräte erhielten allerdings eine «Benutzungsentschädigung» in Höhe von 12 Prozent des Neuanschaffungswertes.
Und dennoch haben die Initiatoren der Schulfunkaktion bei ihren Bemühungen viele Hindernisse, die erst im nachhinein erkannt werden, einfach übersehen. Stromausfall und fehlende Radioempfänger waren nur zwei Probleme. Schwierigkeiten bereitete auch, daß häufig zwei oder mehr Schulsysteme in einem Gebäude zusammengefaßt waren, es aber nur ein Rundfunkgerät und einen Raum gab, in dem ein Antennenanschluß existierte. Technische Probleme kamen hinzu: Stromnetz und Empfänger unterscheiden sich in der Spannung. Oder: das Gerät ist soweit intakt, kann aber wegen eines fehlenden Kabels, das absolut nicht aufzutreiben ist, nicht angeschlossen werden. Häufig sind auch keine Steckdosen da, wenn schon ein geeigneter Raum vorhanden ist. Und wenn es diesen gibt, steht er eben nicht allein als Rundfunkraum zur Verfügung sondern wird auch allgemein für den Unterricht genutzt. Hinzu kommen stundenplantechnische Schwierigkeiten: Entweder überschneiden sich die Zeiten der

84 *Viele Schüler erreichten infolge der unhaltbaren Zustände und des extremen Kurzunterrichts in den Schulen das Klassenziel nicht. Mit 15 oder 16 Jahren aus der 6. Klasse entlassen zu werden, war keine Seltenheit. Was für eine Zukunft erwartete diese Kinder?* ▷

Anfangsbuchstabe des Familiennamens: L

Schüler-Stammkarte

Aufnahmejahr 1938

Erste Einschulung überhaupt in die .... Schule zu Friedensfelde am 1. 4. 38

Unterschrift des Rektors

[redacted]

Familien- und Vorname des Kindes	a) Bekenntnis b) Staatsangehörigkeit	Geburtsort	Tag	Monat	Jahr	Der Eltern oder Stellvertreter: Vor- und Zuname, Stand, Bekenntnis	Jeweilige Wohnung in (Straße, Hausnummer)
[redacted]	a) ev. b) D.R.	Wannagupchen	24.	10.	31	Vater: [redacted] Mutter: [redacted] geborene: [redacted]	Grothusstr.

	19	19	19	19	19	19	19	1946/47
Schuljahr								1946/47
Jahrgang								6
Klasse								VIa (Entl.-Zeugn.)
Betragen								1
Fleiß								
Schulbesuch fehld. Tage mit Entschuld.								
Schulbesuch fehld. Tage ohne Entschuld.								
Religion								
Deutsch mündlich								5
Deutsch schriftlich								5
Schreiben								4
Geschichte								—
Erdkunde bezw. Heimatkunde								4
Naturkunde								4
Rechnen								5
Raumlehre								5
Leibeserziehung a) Turnen b) Schwimmen								
Musik								5
Zeichnen								
Werken								
Handarbeit								
Hauswerk								
Zeugnisvermerk insbesondere Versetzungsvermerk								
Unterschrift des(r) Lehrers(in) (beim Entl.-Zeugnis auch des Rektors).								[redacted]

Berufswahl und sonstige Bemerkungen

z. B. Wohnung des Kindes, falls es nicht bei den Eltern wohnt, Landaufenthalt usw.

Erste Impfung:

Zweite Impfung:

V. 4019

Sendungen und der Unterrichtsstunden, so daß von den Schulen, wollen sie den Schulfunk nutzen – und Aufzeichnungsmöglichkeiten gibt es ja noch nicht – stets zwei Unterrichtsstunden dafür in Anspruch genommen werden müssen, oder es läuft gerade die Heimatkundesendung z. B., wenn von einem anderen Lehrer der Rechenunterricht erteilt wird. Lassen sich diese Probleme noch durch eine gewisse Beweglichkeit der Schulen im Ansatz auffangen, so wird es schon dann kaum mehr möglich, wenn Schulfunksendungen und das ebenfalls zum Schulbetrieb der Zeit gehörende Austeilen der Schulspeisung zeitlich übereinstimmen. So verweist denn mehr als eine Schule die Schüler auf das Abhören des Schulfunks zu Hause, wenn er wiederholt wird. Doch ist auch dies nicht immer möglich. Da die meisten Wohnungen von mehren Familien bewohnt werden, sich eine Familie fast immer ein oder zwei Räume teilen muß, die häufig genug nicht einmal über Stromanschlüsse verfügen, stellt sich das als nicht zu bewältigende Aufgabe heraus. Auch besitzen nicht alle Lehrer ein Radio und können den Einsatz des Schulfunks auf diese Weise weder vorbereiten noch ihn auswerten. Der Schulfunk erweist sich so als wenig nützlich.

Um Unterricht durchführen zu können, bedurfte es indes nicht nur geeigneter Bücher. Man benötigte in den Schulen viel simplere Dinge. Angesichts dieses Mangels wirkte die Einführung des Schulfunks und die Suche nach geeigneten Rundfunkgeräten geradezu peinlich.

Noch am 31. August 1946, also rund ein Jahr nach dem Wiederbeginn der Schule im Ruhrgebiet, schildert ein Journalist der «Neuen Ruhr-Zeitung» anläßlich der Beschreibung des Alltags einer Essener Schule eine hierfür symptomatische Situation: Ein etwa achtjähriger Junge schwenkt eine alte Konservendose, die ihm offensichtlich als Behälter zur Aufnahme der Schulspeisung dient. Dabei fallen ihm ein zerknittertes Stück Papier und ein Bleistiftstummel heraus. Auf die Frage des Reporters, was er denn damit mache, antwortet der Junge: «Ich schreibe auf Papier.» Das Kind hat Glück, daß es überhaupt noch etwas hat, auf das es schreiben kann. Schiefertafeln gibt es tasächlich so gut wie gar nicht. Für rund 20000 Schulkinder gibt es ganze 1500 Schultafeln, konstatiert die Essener «Neue Ruhr-Zeitung» noch am 15. Oktober 1947. In Ermangelung von Tafeln schreiben Schüler auf Schieferdachpfannen, die sie aus den Trümmern geklaubt haben. Aber auch Papier ist äußerst rar. Es gibt noch das eine oder andere alte Heft, das das Kriegsende überlebt hat. Befreit von den Aufzeichnungen aus der Nazizeit, stellen die Lehrer es mit seinen restlichen unbeschriebenen Seiten den Schulneulingen zur Verfügung. Auch alte Lebensmittelkarten und sogar Zeitungsränder verwandeln sich in Schreibmaterial. Nutzbar sind alle diese Dinge aber nur, wenn die Kinder wenigstens Reste von Griffeln und Bleistiften ihr eigen nennen können. Daß manche Bleistifte oder Griffel von zwei Schülern abwechselnd benutzt werden, ist in fast allen Schulen an der Tagesordnung. Die fehlenden Bücher wiegen angesichts dieser Tatsache um so schwerer. Glaubt man nun, der Lehrer könne das durch verstärkte Tafelarbeit ausgleichen, so irrt man gewaltig. Denn auch Wandtafeln gibt es nicht genügend. Oder aber sie sind völlig unbrauchbar – zerkratzt und teilweise zerbrochen. Zudem ist auch nicht immer genügend Kreide vorhanden. Manchmal spitzt sich die Ironie des Alltags darauf zu, daß dort wo Kreide existiert, keine Tafeln zu finden sind, und gibt es Kreide, fehlt es wiederum an Tafeln.

Zu ändern waren diese Zustände kaum. Auch solche Vorschläge, wie die im Juni 1946 seitens der Militärregierung des Regierungsbezirks Münster verbreitete Anregung zur «Selbstherstellung von Behelfsmitteln für die Schulen» brachten keine Besserung. Im Gegenteil – sie stießen eher auf Unverständnis, weil man sie, obschon ernst gemeint, kaum ernst nehmen konnte. Diese Anregung z. B. übermittelte, drei Schreibmaschinenseiten lang, eine Reihe von Verfahren zur Herstellung von Wandtafeln und Kreide durch die Lehrer selbst. Das Überstreichen eines Bretts mit einer Spezialfarbe, die eigens hierfür zu bekommen sei, wird zuerst vorgeschlagen. Das Gießen einer Mischung aus Holz, Zement und Kalk in Holzformen wird als weitere Möglichkeit betrachtet, und schließlich regt man die Umformung von Teilen einer Wand in eine Wandtafel an. Kreideersatz solle man entweder aus Gips oder aus Holzkohle herstellen. Wie sollten aber die für alle diese Vorschläge erforderlichen Grundmaterialien beschafft werden? Da das meiste ohnehin nicht «auf dem Markt» war, erwies sich ein solcher Vorschlag auch als völlig unrealistisch.

Ebenso waren gelegentliche Spenden an Lehr- und Lernmitteln aus dem Ausland nicht mehr als ein Tropfen auf den heißen Stein. So spendete etwa die britische «Workers' Educational Association» (= Arbeiterbildungsvereinigung, d. Verf.) im Oktober 1948 fünfzig bedürftigen Schulen, davon achtzehn allein im Ruhrgebiet, ein umfängliches Paket an Lernmitteln, Büchern und auch Kleidungsstükken. Nur – was sind fünfzig Schulen, wenn die britische Zone zu diesem Zeitpunkt insgesamt rund 13000 aufweist. Selbst die 333 Pakete an Schulbedarfsartikeln einer kanadischen Hilfsaktion, die im November 1948 Nordrhein-Westfalen erreichten, bildeten vor diesem Hintergrund eine kaum nennenswerte Menge.

Alle diese Schwierigkeiten führten zu zusätzlichen Einschränkungen des Unterrichts, der als Folge des Schichtunterrichts – höchstens zwei bis vier Unterrichtsstunden wurden ja sowieso nur pro Tag erteilt – ohnehin sehr knapp ausfiel. Zudem wirkten sich äußere Einflüsse gleichfalls unmittelbar auf den Schulbetrieb aus.
Einer dieser äußeren Faktoren war der Winter. Der allerorten festzustellende Brennstoffmangel machte sich auch in den Schulen bemerkbar. Streng rationiert, bestand für die Schulen kaum eine Möglichkeit, auf offiziellem Wege an ausreichende Mengen Holz oder Kohle zu gelangen. Zwar hatten die Behörden schon im Sommer 1945 Vorsorge verordnet, die vorhandenen Vorräte schmolzen nach Anbruch des Winters jedoch schnell zusammen. Da bewirkte es auch wenig, wenn Kinder von Bergleuten ab und zu «morgens auf Handkarren Kohlen zur Schule (brachten), um die Klassenräume notdürftig zu wärmen», wie ein Schulchronist schreibt. «Was half es..., wenn das bißchen Wärme schnell und leicht durch die unverglasten Fenster ins Freie abzog.» Die Folge dieser im Winter 1945 für alle Schulen typischen Entwicklung war eine nochmalige Verkürzung des Unterrichts. Zum Teil wurde pro Klasse nur eine einzige Stunde erteilt. Nur so glaubte man noch mehr Schaden von den mit schlechtem Schuhwerk und Kleidung versehenen, größtenteils unterernährten Kindern abwenden zu können. Brachten Frühjahr und Sommer 1946 eine vorübergehende Besserung, der Winter 1946/47 brach um so schlimmer über die Menschen herein. Vom «Hungerwinter» war hinterher die Rede, mit Minustemperaturen, wie man sie im Ruhrgebiet schon lange nicht mehr erlebt hatte. Schon Mitte Oktober 1946 war der tägliche Unterrichtszeitraum in einzelnen Schulen der Kälte wegen verkürzt worden: In einer Gelsenkirchener Volksschule z. B. unterrichteten die Lehrer statt von 8.00 Uhr bis 17.00 Uhr nun nur noch zwischen 9.00 Uhr und 16.20 Uhr nachmittags. Dieser Zeitraum wurde nach dem 25. Oktober zusätzlich eingeengt: Unterricht von 10.00 Uhr bis 15.30 Uhr war angesagt. Besprechungen der Lehrer wurden so gut wie gar keine mehr durchgeführt, um den Unterrichtsausfall so gering wie möglich zu halten. Als die Kälte im Verlaufe des Winters noch zunahm, wurde in einzelnen Schulen sogar über die zeitweilige Schließung nachgedacht – ein Fall, der jedoch in den meisten Städten nicht eintrat, auch wenn die Kohlezuteilungen an die Schulen noch so dürftig ausfielen. In Duisburg z. B. hatte man für die Schulen im Winter 1946/47 2500 Tonnen Koks und Kohle zur Verfügung. 5460 Tonnen Brennstoff waren es vor dem Krieg. Und die Qualität der gelieferten Kohle ließ zu wünschen übrig. Schlammkohle bekam man im wesentlichen, deren Heizwirkung stark herabgesetzt war. So wurden die Schulen zwar nicht geschlossen, wohl aber die Unterrichtszeit erneut, z.T. wieder auf nur eine Stunde, verringert. Die Weihnachtsferien 1946/47 endeten aus dem gleichen Grunde nicht, wie ursprünglich vorgesehen, am 7. Januar, sondern erst am 23. Januar 1947. Auch der nächste Winter zeigte eine ähnliche Wirkung, ohne jedoch gleiche Ausmaße anzunehmen.
Die Folgen des in den Wintern der Jahre 1945 bis 1948 mehr als lückenhaften Unterrichts waren bald erkennbar: eine Vielzahl von Schülern hatte Lernschwierigkeiten. Die durch die Schließung der Schulen in den Revierstädten zum Ende des Krieges hin sowieso in Mitleidenschaft gezogenen Schulkinder litten nun darüber hinaus unter dem witterungsbedingten Unterrichtsausfall. Daran, daß Volksschüler, die einer achtjährigen Vollzeitschulpflicht unterlagen, die Leistungsziele der Schule zwischen 1945 und 1948 tatsächlich erreichten, war kaum zu denken. Die Schulen bildeten Gruppen und Klassen unterschiedlicher Leistungsstärke. So berichtet eine Duisburger Schulchronik Ende September 1946 von der Bildung einer «Minderbegabtenklasse» für die schwächsten Schüler. Diese Klasse war mit 41 Schülern, verglichen mit den üblichen Klassenstärken der Zeit, sehr klein geraten. Aber auch diese «Sonderförderung» brachte letztendlich nicht die erhofften Ergebnisse. Aus einer anderen Duisburger Schulchronik geht z. B. hervor, daß man die für Herbst 1946 gesteckten Ziele gar erst zu Ostern 1948 erreicht hatte. Viel zu groß war manchmal das Leistungsgefälle. Besonders wenn es sich um Flüchtlingskinder handelte, schienen die Probleme zum Teil schier unlösbar. Denn sie hatten in den meisten Fällen noch weniger Unterricht genossen.

85 *Mit der Währungsreform – hier die Auszahlung des «Kopfgeldes» in Duisburg – verbessert sich auch die Situation in den Schulen schlagartig.*

Die Durchführung eines solchen Förderunterrichts stieß aber häufig genug, besonders in den beiden ersten Nachkriegsjahren, auch an organisatorische Grenzen. Wo sollte der Unterricht stattfinden, wenn man vorhatte, ihn als Zusatzunterricht anzubieten? Wer sollte zusätzlich unterrichten? Aber selbst wenn man keinen zusätzlichen Unterricht anbot, sondern, wie es vielerorts geschah, die schwächeren Schüler in kleineren Klassen zusammenfaßte, stellte sich die Frage, ob man sich so etwas angesichts des Lehrer- und Schulraummangels überhaupt leisten konnte?

Es waren aber nicht nur die schwächeren Schüler, die es zu beachten galt. Denn zwischen 1945 und 1948 gab es in den Städten des Reviers, wie andernorts auch, kaum einen Volksschüler, der volle acht Jahre die Schulbank gedrückt hätte, auch wenn er vom Alter her in dieser Zeit zur Entlassung anstand. Die Lösung zeichnete sich in einer Verlängerung der Schulzeit und der Einführung des (freiwilligen) neunten Schuljahres ab, das gleichzeitig das Problem fehlender Lehrstellen teilweise aufhob. Nur auch dies stieß auf die gleichen organisatorischen Schwierigkeiten wie die Durchführung des Förderunterrichts: fehlende Räume, zu wenig Lehrer. Wenn es dennoch durchgeführt wurde, so mit Widerwillen und unter großen Schwierigkeiten. Weitere Beeinträchtigungen erfuhren die Lernleistungen in dieser Phase durch immens hohe Fehlquoten der Schüler. 12, 13 und 14 Prozent fehlende Schüler an einer einzigen Schule waren im «Hungerwinter» 1946/47 fast normal. An einigen Schulen fehlte zeitweilig sogar die Hälfte aller Kinder. Nicht vorhandene Kleidung, vor allem fehlten Schuhe, waren wohl der ausschlaggebende Grund hierfür. Aber auch der tägliche Kampf um Nahrungsmittel spielte eine Rolle. Denn auch Hamsterfahrten wurden häufig als Entschuldigung für Fehlstunden von den Kindern angegeben. Und da, wo nicht die Kinder auf Reisen gingen, mußten sie nicht selten Hilfsarbeiten zu Hause erledigen, um es z. B. der Mutter zu ermöglichen, zur Arbeit zu gehen oder zum Hamstern zu fahren. Alle Überlegungen, die man von seiten der Schulbehörde anstellte, um das Problem der Fehlquoten zu lösen, gingen aber letztlich ins Leere, solange die Ernährungslage so schlecht war. Auch hier brachte erst die Währungsreform den eigentlichen Durchbruch. Hatten bis zum Juni 1948 die Zahlen der fehlenden Schüler fast überall im Land noch zwischen 7 und 9 Prozent gelegen, so sanken sie jetzt plötzlich auf 5 Prozent und weniger.

IV. Vom «Pazifik-Päckchen» zum «Bundesziegel»

1. Schulspeisung – die Überlebenshilfe der Sieger

«In einer Hand schwenkten sie alle die kleine Konservendose ... ‹Heut gibt's Quäker›, sagt mir ein kleiner Junge, den ich inmitten einer trippelnden Gruppe anspreche. ‹Quäker, was ist denn das?› ‹Ach, das weißt du nicht? Das ist süße Suppe. Fein schmeckt die.›» So der Zeitungsbericht eines Journalisten über eine Essener Schule, erschienen am 31. August 1946. «Quäker» – gemeint war die Schulspeisung, die es in der britischen Zone seit Anfang 1946 gab.

Ende Dezember 1945 war der Stein endgültig ins Rollen gekommen. Mit der Erziehungskontrollanweisung Nr. 35 («Education Control Instruction») hatten die britischen Besatzer «Schulmahlzeiten für unterernährte Kinder» angeordnet.

Aber schon bevor diese Anweisung ausgegeben wurde, hatte es vereinzelt Schulspeisungen in den verschiedensten Regionen der britischen Zone gegeben. So auch in der Ruhrgebietsstadt Duisburg, wo die Schulen schon seit Oktober 1945 nicht nur zum Ort des Lernens, sondern auch des Essens für die Kinder geworden waren.

Allerdings fiel diese Schulspeisung, von der man später als der «kleinen Schulspeisung» sprechen sollte, nicht allzu umfangreich aus: Milch und Brötchen wurden zunächst an die Kinder verteilt. Aber selbst wenn es nicht viel war: angesichts der allgemeinen Ernährungskatastrophe, unter der ja gerade die Kinder besonders zu leiden hatten, wurde jeder zusätzliche Brotkrumen freudig begrüßt. Von Anbeginn an zog man jedoch bereits eine Ausweitung der Speisung in Erwägung. Außer Milch und Brötchen wollte man die Kinder nach Möglichkeit auch mit einem warmen Essen versorgen. «In bestimmten Gebieten ... werden Nahrungsmittel zur Verfügung gestellt ..., um ein einfaches, warmes Mittagessen zu liefern. Das Essen soll bestehen aus Nährmitteln (z. B. Makkaroni, Spaghetti, Nudeln etc.) zusammen mit Zutaten wie Hefeextrakt, Gemüsen und Hülsenfrüchten», hieß es in einem Schreiben der Militärregierung der Nordrhein-Provinz an den Oberpräsidenten dieser Region. Die Besatzungsbehörden waren zuversichtlich, schon vor Ende Oktober die notwendigen Lebensmittel zur Verfügung stellen zu können. Wenn die Versorgungslage es gestattete, würden dann außer Duisburg auch die Revierstädte Essen, Oberhausen und Mülheim davon profitieren können.

Wenn die Versorgungslage es gestattete! Gerade die Warenbeschaffung bereitete aber wohl die größten Schwierigkeiten. Jedenfalls kann von einer allgemeinen Schulspeisung in dieser Phase noch keineswegs die Rede sein. Lediglich an einigen Schulen, und auch hier nur für Kinder bis zu 12 Jahren, gab es zusätzlich zu Milch und Brötchen etwas Warmes. Es handelte sich dabei aber auch keineswegs um die angekündigten Makkaroni, Spaghetti, Hülsenfrüchte und Gemüse. «Kinderbrei» wurde verteilt. Das war Biskuitmehl, das man mit Milch verrührte.

Nicht anders sah es in den zum Regierungsbezirk Münster zählenden Städten des nördlichen Ruhrgebiets aus. In einer räumlich, zeitlich und auch personell begrenzten Aktion half man hier mit Genehmigung der englischen Behörden Mitte Dezember 1945 den hungernden Kindern des Industriegebiets und der Großstädte Westfalens: «Die Kinder von 6 bis 10 Jahren in den Volksschulen ... sollen täglich einen Becher (⅛ Liter) eines hochwertigen Schultranks erhalten, der aus einem ⅛ Liter entrahmter Frischmilch und einem Zusatz von Trinkschokolade (an 2 Wochenta-

> Auszug aus der Erziehungskontrollanweisung Nr. 35 der britischen Militärregierung vom 28. Dezember 1945:
> «1. Um die Unterernährung schulpflichtiger Kinder in der britischen Zone zu bekämpfen, sind die in Absatz 2 aufgeführten Massnahmen sofort zu ergreifen.
> 2. a. In allen Gebieten, wo ernsthafte Unterernährung herrscht, haben die deutschen Erziehungsbehörden Schulmahlzeiten zu organisieren, wobei nach Möglichkeit markenfreie Nahrungsmittel zur Verwendung gelangen sollen. Sollten diese nicht vorhanden, oder nur in ungenügender Menge erhältlich sein, so wird ein Minimum rationierter Nahrungsmittel ausgegeben werden, für die die Kinder Marken abliefern müssen.
> b. Deutsche Schulärzte sind für die Auswahl der Kinder verantwortlich, die solcher Mahlzeiten am dringendsten bedürfen. Die Anzahl der für die Mahlzeiten ausgewählten Kinder soll die grösste sein, die nach den örtlichen Bedingungen möglich ist.»

Anweisung für die Herstellung von «Kinderbrei» im Rahmen der Schulspeisung:
«Für den Brei werden je Kind und Tag 40 Gramm Biskuitmehl und 2 Gramm Zucker geliefert. Das Mehl ist mit etwas Wasser anzurühren und dann in ca. ⅛ l Wasser je Kind 10 Minuten aufzukochen. Es wird sich empfehlen, die Milch dem Brei erst nach dem Kochen beizurühren.»

gen) und von Nährspeise (an 4 Wochentagen) besteht. Der Schultrunk ist dann ohne irgendwelche weiteren Zusätze genußfertig.»
Eine solche Form der Hilfe konnte zwangsläufig nur von geringem Nutzen sein. Deshalb waren alle verantwortlichen Stellen – gleich ob deutsch oder britisch – darum bemüht, die Schulspeisung auf eine breitere Grundlage zu stellen. Ein Teilziel war mit der Erziehungskontrollanweisung Nr. 35, die die Militärregierung am 28. Dezember 1945 für die ganze britische Zone erließ, erreicht. Erst aber im Januar 1946 begann die «erweiterte Schulspeisung», wie sie fortan hieß, tatsächlich konkrete Formen anzunehmen. Laut Anweisung der englischen Besatzungsmacht sollte sie nach Möglichkeit Anfang Februar anlaufen. An sechs Tagen in der Woche sollte an «Schulkinder im Alter von 6 bis 18 Jahren» ein warmes Essen «im Wert von 300 Kalorien täglich» ausgeteilt werden. Der «Menüplan» fiel jedoch nicht sehr üppig aus: im wesentlichen «servierte» man eine Suppe aus Hülsenfrüchten. Pro Kind mischte man 40 g Hülsenfrüchte mit 30 g Mehl oder zerkleinertem Zwieback, 10 g Fett, 10 g Fleischextrakt und 5 g Salz. Diese Suppe sollten die Kinder überwiegend bekommen. Um «Abwechslung» im Speiseplan zu erreichen, sollte man den Kindern zweimal wöchentlich eine süße Suppe reichen, die sich aus 50 g Haferflocken, 15 g Zucker und 20 g Trockenmilch pro Kind unter Zusatz von Wasser herstellen ließ. Für die Zwölf- bis Vierzehnjährigen gab es zusätzlich täglich 80 g Brot oder Zwieback. Meistens

87 *Seit Anfang 1946 gab es in den Ruhrgebietsstädten die von den britischen Besatzungsbehörden angeordnete allgemeine Schulspeisung.*

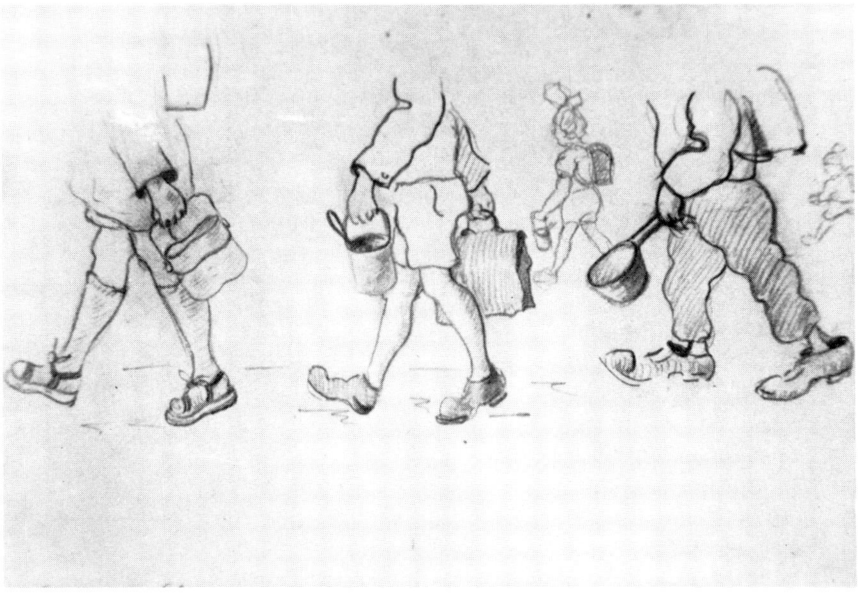

◁ 86 *Die alte Konservendose, der «Henkelmann», das blecherne Kochgeschirr gehören zur Ausrüstung eines jeden Schulkindes. Nur so ist es möglich, an der Schulspeisung teilzunehmen.*

88 *In den meisten Städten wurde die Schulspeisung in Zentralküchen in riesigen Kochkesseln zubereitet.*

war es dann wirklich kein Brot, sondern Zwieback aus Armeebeständen, der noch reichlich vorhanden war. Alle Mahlzeiten der Schulspeisung waren «markenfrei», d. h. sie wurden zusätzlich zu den Nahrungsmitteln ausgegeben, die den Kindern aufgrund der Lebensmittelkarten zur Verteilung zustanden bzw. zustehen sollten. Gelegentlich wurden auch noch Vitamin-C-Tabletten verteilt.

Es stellt sich hier die Frage, was die Briten bewog, eine solche Hilfsaktion aufzuziehen? War es nichts als ein mildtätiges und barmherziges Verhalten den Kindern jener Deutschen gegenüber, die noch Monate zuvor England in Schutt und Asche legen wollten? War es wirklich nur Nächstenliebe, und dies angesichts des Hungers auch im eigenen Lande? Es soll nicht daran gezweifelt werden, daß das auch eine Rolle spielte. Aber eben nur «auch»! Waren es nicht im wesentlichen politische Gründe? So wie man sich seitens der Alliierten mit einem frühen Wiederbeginn der Schule mit demokratischen Inhalten und Zielen der Zukunft mit Hilfe der Kinder versichern wollte, so gehörte auch die Schulspeisung in die Reihe der vertrauensbildenden Mittel. Die Kinder würden sich der Hilfe in Zukunft erinnern. Das Band des Vertrauens und der Freundschaft war damit geknüpft. Gleichzeitig aber schuf man auf seiten der Eltern, deren Kindern geholfen wurde, Vertrauen und vermied es so, daß es als Folge des Hungers zu weitreichenden Aktionen und Unruhen in der Bevölkerung kam. Man hatte auf britischer Seite aus kolonialen Erfahrungen gelernt. Aber wie dem auch sei: die Bevölkerung des Ruhrgebiets fieberte im Januar 1946 der neuen Schulspeisungsaktion regelrecht entgegen.

Auch die erweiterte Schulspeisung war indessen wie schon die «kleine» nicht etwa für alle Kinder der britischen Zone gleichermaßen vorgesehen. Ein Erlaß der Militärregierung vom 17. Januar 1946 bestimmte, daß in der Nordrheinprovinz und im Regierungsbezirk Arnsberg der Plan auf Städte mit 5000 und mehr Einwohnern und auf eine Reihe von gesondert genannten Städten im Ruhrgebiet und in Westfalen beschränkt bleiben solle. Zu diesen Städten zählten auch Bottrop, Gelsenkirchen, Gladbeck und Recklinghausen, so daß man sagen kann, daß das gesamte Ruhrgebiet an der Schulspeisung teilnahm. Lag nicht hier auch die größte Not? Die britischen Militärbehörden betrachteten dies jedenfalls so, denn anders läßt es sich kaum erklären, wenn ansonsten außerhalb der genannten Bereiche in der britischen Zone nur Städte mit mehr als 100000 Einwohnern teilhaben durften, von einigen Ausnahmen abgesehen. Im Verlaufe des Jahres 1946, als sich die Ernährungssituation mancherorts drastisch verschlecherte, wurde diese Regelung allerdings vielfach durchbrochen.

Zusätzlich zu dieser geographischen Einschränkung grenzte man auch den Personenkreis, d. h. den Kreis derer ein, die von der Schulspeisungsaktion profitieren durften. Hatten die sechs- bis zehnjährigen Kinder bisher im wesentlichen Schulspeisung erhalten, so umfaßte der Kreis nunmehr die Schüler zwischen sechs und achtzehn Jahren. Dies führte zwangsläufig zu Ungerechtigkeiten, die auch offen bemängelt wurden. Benachteiligt waren bei dieser Regelung eindeutig alle Berufsschüler gegenüber den Schülern von Gymnasien. Gymnasiasten hatten ja täglich Unterricht und bekamen infolgedessen auch ihren täglichen Anteil an der Schulspeisung, diejenigen Jugendlichen, die mit dem vierzehnten Lebensjahr die Schule verlassen hatten, um zu arbeiten, besuchten dagegen höchstens zweimal, meistens sogar nur ein einziges Mal in der Woche, mancherorts sogar nur einmal alle zwei Wochen die Berufsschule. Nur an diesen Tagen nahmen sie auch an der

Schulspeisung teil. Schließlich bekamen nur diejenigen Kinder und Jugendlichen etwas zu essen, die auch tatsächlich am Schulunterricht teilnahmen.
Die so durchgeführten Speisungen – weder die «kleine» noch die «erweiterte» – waren zudem keineswegs für alle Kinder kostenlos. Die Preise schwankten allerdings erheblich. So mußten die Kinder für die «kleine» Schulspeisung zwischen 30 und 40 Pfennig und für die «erweiterte» Schulspeisung 1,20 RM bis 1,50 RM wöchentlich bezahlen, wobei verschiedene Städte, so auch Duisburg, zu dem Zeitpunkt, als die Erweiterung der Schulspeisung noch im Gespräch war, zunächst von einem wesentlich niedrigeren Preis, der bei etwa 50 Pfennig lag, ausgegangen waren. Dieser Preis war aber völlig unhaltbar, denn die Städte, in dieser Phase finanziell überaus knapp, mußten möglichst kostendeckend arbeiten.
Das kostendeckende Prinzip entwickelte sich zum Nachteil manches Kindes. So berichtet der Leiter einer Gelsenkirchener Schule, daß sofort weniger Kinder an der Schulspeisung teilnahmen, als man den Preis der Kostendeckung wegen im Jahre 1946 von 1,05 RM auf 1,20 RM heraufsetzte. Außerdem mußten die Kinder aus sogenannten bedürftigen Familien mit durchgezogen werden, da sie als einzige die Mahlzeiten kostenlos erhalten sollten. Die Preise mußten also entsprechend erhöht werden, um auch diese Kinder durchfüttern zu können.
Und der Kreis der bedürftigen Kinder war sicherlich nicht klein. In Gelsenkirchen zum Beispiel zählten Ende 1946 rund 10 Prozent aller Schulkinder dazu. Als bedürftig galten Kinder von Fürsorgeempfängern, von Kriegshinterbliebenen und Kriegsbeschädigten ohne Arbeit, von Rentenempfängern, von noch nicht zurückgekehrten Soldaten, schließlich noch alle Kinder vom dritten schulpflichtigen Kind an aufwärts. Die Eltern dieser Kinder verfügten über ein Monatseinkommen, das im Regelfall 100 RM nicht oder nur geringfügig überschritt. Die Bedürftigkeit festzustellen, erschien als ein Problem besonderer Art, denn vielfach schämten sich die Eltern und suchten ihre Not zu verbergen. Nicht überall dürfte das Engagement der Lehrerschaft so groß gewesen sein wie an einer Gelsenkirchener Schule, wo die Lehrerinnen die Familien ihrer Kinder aufsuchten und die Bedürftigkeit feststellten, um so den betroffenen Schülern tatsächlich zur kostenlosen Schulspeisung zu verhelfen. Erst nach und nach sollten sich mit Verbesserung der finanziellen Lage der Städte die Wohlfahrtsverbände dieses Problems verstärkt annehmen.
Ende November wurde in Gelsenkirchen die Befreiung von den Kosten der Schulspeisung radikal eingeschränkt. Ein Schulchronist beschreibt das so: «Die Art der Befreiung wurde... in der Weise geändert, daß die Mehrzahl der bisher Befreiten den vierten Teil des Beitrages... bezahlen mußten u(nd) nur wenige Kinder nichts zu entrichten brauchten. Es gab somit nur: 1/1 Zahler, 1/4 Zahler u(nd) 0 Zahler. Die Erhöhungen mußten infolge eines Defizits von über 100000 RM bei der Endabrechnung des Schulamtes erfolgen. – Die anfängliche Befreiung von Kindern von bis zu 20 Prozent der Teilnehmer war von vielen Schulen bis über 30 Prozent überschritten worden. Auch die Ausgaben für die Anlieferung u(nd) die Zubereitung waren zu hoch...»
Kehren wir noch einmal zu der Frage zurück, was es für die Kinder und Jugendlichen im Rahmen dieser Hilfsaktion eigentlich zu essen gab? Blieb es bei süßem Brei und Erbsmehlsuppe? Seit März 1946 machte vorübergehend ein neuer Begriff von sich reden: «Pacifics» oder «Pazifik-Päckchen». Ursprünglich waren diese Pakete den Truppen in Übersee zugedacht gewesen. Daher die Bezeichnung. Sie

89 *Aus den Zentralküchen wurde die Schulspeisung in Warmhaltegefäßen von zumeist 100 l Fassungsvermögen zu den einzelnen Schulen geschafft.*

enthielten u.a. Dosen und Packungen mit Rindfleisch, Schinken mit Ei, Hafermehlwürfel, süße Biskuits, Fleisch-Biskuits, Käse-Biskuits, Käsewürfel, Zucker, Salz, Bonbons, Schokoladen- und Fruchtstangen. Diese Lebensmittel sollten zum überwiegenden Teil zur Herstellung von Schulmahlzeiten verwendet, der Rest, wie Schokoladen-, Fruchtstangen und Bonbons, direkt an die Kinder verteilt werden. Nach den Vorstellungen der Behörden war es möglich, damit drei verschiedene «Menüs» zuzubereiten: eine süße Suppe, die aus Hafermehl und Biskuits gekocht werden konnte, eine, wie es hieß, «schmackhafte» Suppe aus Schinken mit Ei und Fleisch und schließlich, unter Verwendung von Hülsenfrüchten, Käsewürfeln und Käsebiskuits, eine Käse-Gemüse-Suppe.

Die Praxis sah jedoch anders aus. Sie war geprägt von den nicht vorhersehbaren organisatorischen Fehlschlägen. So teilt der Oberpräsident der Nordrhein-Provinz in einem Runderlaß den Städten am 3. Mai 1946 mit:

> «Nach Anlieferung der Pazifischen Pakete hat sich herausgestellt, daß es sich dabei fast ausschließlich um indische Pakete, also um solche Packungen handelt, die nicht Fleisch und Schinken mit Ei, sondern Fischragout enthalten. Die in dem Plan vorgesehenen Mahlzeiten können daher zum Teil nicht hergestellt werden. Auch die Verwendung des... Erbs- und Biskuitmehls ist dadurch nicht im vorgesehenen Umfange möglich.»

Wie überhaupt organisatorische Schwierigkeiten die gesamte Planung immer wieder in Frage stellten. Fing es damit an, daß in Duisburg z. B. die Ausgabe von Milch und Brötchen im Rahmen der «kleinen» Schulspeisung seit Ende Dezember 1945 wegen der akuten Knappheit an Nahrungsmitteln nicht mehr fortgesetzt werden konnte, so wurde auch im Verlaufe des Jahres 1946 die «erweiterte» Schulspeisung von Versorgungsengpässen und Lieferschwierigkeiten überaus stark beeinträchtigt. Aber auch solche Dinge wie fehlende Zubereitungs- und Transportbehälter trugen ihr Teil dazu bei, daß alle organisatorischen Vorkehrungen häufig genug ins Wanken gerieten. So wendet sich etwa ein Gelsenkirchener Schulrat im November 1946 mit dem Hinweis an den Regierungspräsidenten Münster, daß die Schulspeisung für die Zwölf- bis Vierzehnjährigen bereits seit dem 14. Oktober ausfalle. Es könne keine Erbsmehlspeise mit Biskuit hergestellt werden, da die erforderlichen Rohprodukte fehlten. Als Ersatz hierfür habe man begonnen, eine Speise aus Suppenmehl herzustellen. Diese verfüge zwar über den gleichen Nährgehalt, sei aber «wenig wohlschmeckend». Entsprechend gering sei der Zuspruch der Kinder. Lieferschwierigkeiten führten Ende 1946 schließlich auch dazu, daß in einigen Ruhrgebietsstädten das Gerücht um sich griff, die Militärregierung beabsichtige, die Schulspeisung ganz wegfallen zu lassen, was sofort offiziell heftig dementiert wurde.

Es stellt sich an diesem Punkt die Frage, wie überhaupt der organisatorische Rahmen der Schulspeisung aussah. Da galt es zunächst einmal auf örtlicher Ebene in den für die Schulspeisung in Frage kommenden Städten und Regionen die Zahl der teilnehmenden Kinder zu ermitteln. Und das in wöchentlichen Abständen! Die örtlichen Schulräte wiesen dazu wiederum die Leiter der einzelnen Schulen an, ihnen die jeweilige Kinderzahl zu benennen. Verfügten sie über diese Daten, so leiteten sie sie an das zuständige Kreisernährungsamt weiter. Hierzu waren sie gehalten, ein eigens dafür geschaffenes Formular auszufüllen, das neben dem Namen jeder Schule die tägliche Zahl der Kinder, getrennt nach Altersstufen von 6 bis 10, 10 bis 14 und 14 bis 18 Jahren, sowie die Gesamtzahl der für die nächsten sechs Tage erforderlichen Mahlzeiten enthielt. Die Ernährungsämter ihrerseits stellten den Erziehungsbehörden Bezugsscheine aus und bestimmten, bei welcher Firma sie die Waren beziehen konnten. Von hier wurden sie an den Hersteller der Schulspeisung weitergeleitet. Die Pazifik-Päckchen allerdings gelangten ohne Umwege über den Handel direkt in die Küchen. «Ob die Zubereitung der Mahlzeiten an einer zentralen Stelle erfolgt oder aber auf die verschiedenen Ortsteile und Schulsysteme verteilt wird, hängt von den örtlichen Verhältnissen ab», hieß es in einem Schreiben des Regierungspräsidenten Münster an die betroffenen Städte vom 18. Januar 1946.

In der Tat sah die organisatorische Lösung dieses Teils der Schulspeisung im Revier fast von Stadt zu Stadt verschieden aus, jedenfalls anfänglich. In manchen Städten, so in Duisburg, wurde in nahezu jeder Schule gekocht, in anderen in einigen Schulen und in Zentralküchen, die von den Gemeinden betrieben wurden. Dies gilt z. B. für Herne, wo die Küche einer Zeche, der Gewerkschaft Constantin, teilweise für diese Zwecke mitgenutzt wurde; ebenso in Wanne-Eickel, wo der frühere Kochraum der Zeche «Unser Fritz» dafür umgerüstet wurde. Die dritte Variante schließlich war die Auftragszubereitung durch bestimmte Firmen, so in Gelsenkirchen praktiziert. Die Herstellung in den Schulen selbst war aber nicht lange von Bestand. Zu

90 *Die Verteilung der Suppen und übrigen Nahrungsmittel war Bestandteil des Unterrichts und verkürzte ihn zusätzlich. Die Ausgabe des Essens erfolgte zumeist durch Lehrer und Hausmeister.*

schwierig war die Verteilung der Rohstoffe, zu kompliziert die Überwachung, zu verschieden die Ergebnisse. Schon im Mai 1946 stellt deshalb die Stadt Duisburg die Zubereitung der Schulspeisung um. Auch hier werden Zentralküchen eingerichtet. Zur Begründung teilten die verantwortlichen Stellen mit:

«Für die Neuordnung war ausschlaggebend die... an der bisherigen Ordnung geübte Kritik. Diese Kritik erstreckte sich auf folgende Vorwürfe: Ungleiche Qualität der Speisen, ungleiche Quantität der Portionen, mitunter nicht gar gekocht und geschmacklich den Kindern nicht angepaßt, bei der einen Schule nur ¼ l trotz vollen Preisen, bei der anderen Schule ½ l, bei einigen Schulen ein Hamstern von Kochstoffen, bei der anderen verschwenderischer Verbrauch... Häufige Diebstähle und Einbrüche, keine kaufmännische Buchführung bei den Schulen über die Bestände, Zugänge, Abgänge und Gegenüberstellung der gekochten Portionen...»

Die Zubereitung der Suppen in jenen Zentralküchen zeigt auf den ersten Blick wenig Ähnlichkeit mit der Herstellung einer Mahlzeit in einer heute «normalen» Familienküche, vielmehr erinnert das ganze eher an den Waschtag zu Großmutters Zeiten, bei dem die Wäsche u.a. in riesigen Bottichen gekocht werden mußte. Ebenso riesige Behälter dienten nach 1945 zum Kochen der Suppen für die Schulkinder. Aus diesen überdimensionalen Töpfen füllte man das warme Essen in kleinere Thermosbehälter, die normalerweise höchstens 50 Liter fassen konnten. Diese Warmhaltegefäße wurden dann in die einzelnen Schulen transportiert und dort an die Kinder ausgegeben.

Wenn es immer genügend Warmhaltekübel gab! Oft mußten sie gegen Entgelt von Privatfirmen geliehen werden. Aber auch die «Kochtöpfe» selbst waren nicht immer so zahlreich, daß man die erforderliche Anzahl von Essen hätte auf einmal herstellen können. So wurde in vielen Städten «in Schichten» gekocht.

Die Ausgabe der Essenportionen an den Schulen sollte bis ins Jahr 1948 tagtäglich zu «dem» Ereignis schlechthin werden. Oft war es für die Kinder die einzige richtige Mahlzeit überhaupt.

Die Verteilung der Suppen und übrigen Nahrungsmittel war Bestandteil des Unterrichts und ging so manches Mal zu Lasten des Lernens und Lehrens, insbesondere zu Zeiten des schon erwähnten extremen Kurzunterrichts.

Jeden Tag wurden die Kübel vormittags und nachmittags angekarrt. Bezahlte Arbeitskräfte übernahmen diese Tätigkeit ebenso wie das Kochen, nachdem sich die anfängliche Hoffnung, die Kosten durch den Einsatz ehrenamtlicher Helfer niedriger halten zu können, alsbald zerschlagen hatte. Alle Aufrufe hatten nur geringe Resonanz gezeigt. In den Klassenräumen aufgestellt, «defilierten» die Schüler an

«Die statistischen Feststellungen und das Geldeinsammeln in jeder Woche, das tägliche Abspeisen der Kinder bedeuten eine grosse Unterrichtsbelastung», beschwert sich ein Schulchronist 1946.

den Thermosbehältern vorbei und bekamen das ihnen zustehende Quantum in den «Henkelmann», wie das Eßgeschirr aus Blech genannt wurde, oder die ausgediente Konservendose geschöpft. Nicht immer war es wirklich die Menge, die ihnen zustand – was noch zu zeigen sein wird. Die Essenausgabe erfolgte zumeist durch die Lehrer oder aber unter deren Aufsicht durch ältere Schüler. Auch die Hausmeister und deren Frauen halfen mit. Lehrer und Hausmeister durften, jedenfalls in dieser Phase der Speisungsaktion, deshalb zumeist ebenfalls dieses Zubrot genießen, obwohl dies nirgendwo geregelt war. Was hätte es auch genutzt, sie auszuschließen? Hätte es nicht Mittel und Wege gegeben, auch ohne Erlaubnis zu partizipieren? Nur – dann wäre es zum Nachteil der Schulkinder ausgefallen. Eine solche stillschweigende Regelung indessen erzielte nahezu zwangsläufig Neid und Mißgunst bei denen, die Vorteile dieser Art nicht genießen konnten. Die Folge waren Dutzende von anonymen Schreiben, die die Schulämter der verschiedenen Revierstädte erreichten, gefüllt mit Anschuldigungen über angebliche Verfehlungen der Lehrkräfte, die kaum je einer Nachprüfung standhielten.

Das Nazi-Reich, in dem Denunziation an der Tagesordnung war und sogar belohnt wurde, lag eben doch noch nicht lang genug zurück.

Das heißt aber nicht, daß gewisse «Unregelmäßigkeiten» nicht doch auftraten. So berichtet eine heute zweiundsiebzigjährige Frau, die – zusammen mit ihren Eltern und drei jüngeren Geschwistern, für die sie allein sorgen mußte, aus Schlesien vertrieben – Anstellung in einer Großküche der Schulspeisung fand:

«Wir nähten uns Bänder in die Unterwäsche ein und hatten so ein Behältnis, in das wir ab und an das eine oder andere Päckchen Biskuitmehl oder 'mal eine Dose mit Rindfleisch packen konnten. Am Körper schmuggelten wir dann die Sachen nach Hause. Es war wie ein Festessen für meine Familie.

Anonyme «Beschwerde», die Ende November 1946 den Schulrat der Stadt Herne erreichte: «Werter Herr! Im Namen der Gerechtigkeit bitte ich Sie: in der Herner... Schule* herrschen miserable Zustände. Ich sprach mit einem Schüler über diese Sache. Er erzählte mir, daß alle Schüler und Schülerinnen nur 3 Löffel, das sind ½ Liter, erhalten, die Damen und der Herr Direktor sich aber über den übrigen Teil, 10 bis 15 Liter, hermachen. Als sich einige Schüler empörten, wurde ihnen von Herrn B.**, Direktor I.V., angedroht, daß sie ihr Verhalten in den Zeugnissen finden würden. Die Personen, welche am Essen besonders interessiert sind, sind: Frl. S.**, Frl. P.**, Frl. P.** und Herr B.**. Es ist schließlich ganz angenehm, sich auf Kosten der Allgemeinheit zu bereichern. Wenn Sie es nicht glauben wollen, fragen Sie bitte die Schüler. H. G.»

* Der Name der Schule ist dem Verfasser bekannt.
** Die Namen sind dem Verfasser bekannt.

Wer will es diesen Menschen angesichts des allgemeinen Hungers, tagtäglich mit den für sie dennoch unerreichbaren «Köstlichkeiten» konfrontiert, eigentlich im nachhinein noch verübeln.

Die britischen Besatzungsbehörden wußten, daß solche Dinge geschehen würden und hatten deshalb eine Reihe von Kontrollmechanismen in das Verteilungssystem eingebaut. Nur so glaubte man sicherstellen zu können, daß die zusätzlich bereitgestellten Nahrungsmittel die eigentlichen Adressaten, nämlich die Kinder, auch tatsächlich erreichten. Die Kontrollen begannen schon bei den Lieferfirmen, bei denen die Rohprodukte für die Herstellung des Essens bezogen wurden. Genauestens wurde auch der Transport zu den Groß- bzw. Zentralküchen überwacht. Unter Aufsicht standen ebenfalls die Aufbewahrungsräume in den Küchen. Und damit das Essen selbst nicht unbotmäßigerweise unter Zugabe von Wasser «gestreckt» wurde, überprüfte man darüber hinaus gleichfalls die Qualität der Speise. «Hinsichtlich des Kaloriengehalts finden laufend Kontrollen durch das Städt. Lebensmitteluntersuchungsamt und Institut für Lebensmittelchemie... statt. Das Ergebnis dieser Probenuntersuchung wird dem Schulrat unmittelbar mitgeteilt. Dieser überzeugt sich auch selbst von Zeit zu Zeit von der Qualität der Speise», schreibt die Stadt Gelsenkirchen dem Regierungspräsidenten Münster am 10. April 1946. Nicht anders sah es in den übrigen Städten aus. Dennoch kam es immer wieder vor, daß Thermoskübel nicht ganz voll waren oder die Becher der Kinder nicht vollständig gefüllt wurden.

So ganz hatte man die Sache wohl doch nicht unter Kontrolle. Darauf deutet auch hin, daß eine weitere Vorschrift allzu häufig unterlaufen wurde: die ausschließliche Einnahme der Mahlzeiten in der Schule. Immer wieder ließen die oberen Behörden ihre nachgeordneten Stellen wissen, daß die Schulspeisung unbedingt auch in den Schulen zu verzehren sei. Auch in den Ferien! Denn sowohl in den Sommer- als auch in den Weihnachtsferien des Jahres 1946 wurde die Schulspeisung fortgesetzt, eine Regelung, die bis ins Jahr 1949 andauerte. Im Juli 1946, mitten in den Großen Ferien dieses Jahres, beschwert sich der Vater eines Kindes bei dem zuständigen Schulrat der Stadt Gelsenkirchen:

«Mein Kind Gisbert besucht die Knaben-Mittelschule... und nimmt auch während der Ferien an der Schulspeisung teil. Am 30. ds. Mts. brachte mein Sohn die Schulspeise mit nach Hause, um seinem zweijährigen Bruder davon etwas abzugeben. Als meine Frau die Speise probierte, fand sie darin 3 Grammophonnadeln...Allgemein wird darüber geklagt, daß die Schulspeise nicht immer in reinlichem Zustande angeliefert wird. Mein Sohn Günter besucht das Gymnasium ... Auch dieser klagt über die Unsauberkeit des Essens. Ab und zu werden aus dem Essen Fremdkörper herausgeholt.»

Die Antwort des Schulrats folgte auf dem Fuße: «Ich mache letztmalig die strikte Beachtung meiner Anordnung zur Pflicht. In Zukunft wird jedes Kind, das mit einem gefüllten Kochgeschirr auf der Straße angetroffen wird, gefragt, welcher Schule es angehört. Die Schulleiter werden für etwaige Folgen aus der Nichtbeachtung dieser Anordnung verantwortlich gemacht.»
Und was die andere Schwierigkeit, die mangelnde Hygiene angeht, so war dies in der Tat ein spezielles Problem der Zeit. Am 13. März 1946 steht hierzu in einem Artikel der «Ruhr-Zeitung», der sich mit der Schulspeisung in Witten beschäftigt, zu lesen: «Die peinliche Sauberhaltung der Küchenanlagen ist selbstverständliches Gebot. Das Wirtschaftsamt stellt daher Bürsten, Schrubber, Aufnehmer, Spültücher usw. zur Erfüllung dieser Pflicht zur Verfügung.» So selbstverständlich, wie es hier dargestellt wird, war es dann doch nicht – jedenfalls nicht überall. Es lag aber zum größten Teil auch weniger an fehlenden Schrubbern, Bürsten und Spültüchern als vielmehr am Mangel an Reinigungsmitteln. Seife, als Mittel die Räume zu reinigen, wurde mancherorts zum Fremdwort. Erst die im Verlaufe des Jahres 1947 nach und nach einsetzende Seifenzuteilung «für Zwecke der Schulspeisung» konnte hier allmählich Abhilfe schaffen. Das Schreiben des besorgten Vaters zeigt aber gleichzeitig indirekt auch, warum man von offizieller Seite so außerordentlich großen Wert darauf legte, die Kinder die Suppen in den Schulen verspeisen zu lassen. Die Schulspeisung war als zusätzliches Essen einzig und allein für die Kinder selbst gedacht. Nur sie sollten davon profitieren.
Achtete man nicht strikt darauf, daß die Speisen innerhalb der Schulen eingenommen wurden, so war dies nicht mehr zu gewährleisten. Aus der «Kinderschulspeisung» würde so bald die «Familienschulspeisung». Alle übrigen Gründe, etwa die von der Stadt Duisburg vorgebrachte Verunreinigung der Straßen durch Essensreste, waren zweifelsohne vorgeschoben.
Die Schule wurde bald nach Einführung der Schulspeisung zu einer Art Lebenszentrum, die Schulspeisung selbst zu einem wichtigen Ernährungsbestandteil im täglichen Überlebenskampf der Familien. Das Lob, das sie anfangs erntete, ist von daher verständlich.

Nicht nur im Hinblick auf die Gesundheit der Kinder muß die Schulspeisung jedoch positiv hervorgehoben werden; sie war es auch, die dafür sorgte, daß die Kinder gerne zur Schule kamen. Und kamen sie einmal nicht, so durfte «der Schulleiter... in Verbindung mit dem Klassenleiter dem Schulschwänzer die Schulspeisung, besonders die Süßigkeiten, auf Zeit vorenthalten». Dies jedenfalls schrieb der Regierungspräsident Köln dem Kultusminister des Landes Nordrhein-Westfalen am 21. November 1946 zum Thema «Bestrafung und Abstellung unentschuldigter Schulversäumnisse volksschulpflichtiger und berufsschulpflichtiger Schüler(innen)». Die Schulspeisung als Instrument der Disziplinierung!
Bei vielen Dingen, die anfängliche Begeisterungsstürme auslösen, schlägt die Stimmung dann um, wenn sich das Außergewöhnliche zum Alltäglichen wandelt; die Vorzüge werden zur Selbstverständlichkeit, die nachteiligen Eindrücke gewinnen an Gewicht. So ging es auch mit der Schulspeisung. Sie, deren dauerhafter Charakter noch Anfang 1946 vielfach bezweifelt wurde, war nur ein Jahr später schon ein Bestandteil des Alltags geworden, auf den man Anspruch erheben zu können glaubte. Tadel wurde jetzt vernehmlicher als Lob. Hauptzielscheibe der Kritik waren zu Beginn des Jahres 1947 die Speisenfolge und das Essen selbst. Da wird vor allem die Eintönigkeit der Mahlzeiten beklagt – jeden Tag die gleiche Suppe, von wenigen Ausnahmen abgesehen. Zudem entsprach der Geschmack zumeist nicht dem Geschmacksempfinden der Kinder – wenn von Geschmack überhaupt die Rede sein kann.

91 *Im Frühjahr 1946 hatte der ehemalige amerikanische Präsident Herbert Hoover das karitative Hilfswerk CARE ins Leben gerufen. Auch Tausende von Bergmannsfamilien und deren Kinder profitierten im Ruhrgebiet von diesem Programm.*

Offizielle Interventionen beim Kultusministerium oder beim Landesernährungsamt, diesen Zustand abzustellen, endeten in der Regel mit dem Hinweis auf die angeblich unsachgemäße Zubereitung der Suppe. Bei vorschriftsmäßiger Herstellung der Speisen könne es zu Beschwerden dieser Art eigentlich gar nicht kommen.

Viel schwerer aber noch als dieses Problem wog der Vorwurf der Ungenießbarkeit des Essens, weil die Rohstoffe, aus denen es zubereitet wurde, bereits verdorben waren. Überprüfungen des Kultusministeriums förderten die Ursache zutage: unzulässig lange Lagerzeiten einzelner Lebensmittel. Einzelne Ruhrgebietsstädte hatten die ihnen für die Schulspeisung zur Verfügung gestellten Nahrungsmittel regelrecht gehortet, solange bis sie fast verdorben waren. Wurden sie schließlich dennoch verarbeitet, so mußte das Ergebnis ungenießbar ausfallen. Wer wollte den Städten eine solche «Vorratspolitik» aber zum Vorwurf machen? Hatte es nicht immerwährende Lieferschwierigkeiten der Rohprodukte gegeben, so daß man sich nahezu jede Woche erneut die Frage stellen mußte, ob eine Speisung der Kinder in vollem Umfang durchgeführt werden könne?

Eine Qualitätsverbesserung des Es-

Auszug aus der Schulchronik einer Gelsenkirchener Volksschule: «Die tägl. Schulspeisungen haben sich auf den Gesundheitszustand der Kinder günstig ausgewirkt. Die meisten Kinder berichten von Gewichtszunahmen, manche bis zu 6–8 Pfd. Im ganzen sehen die Kinder wohler aus, jedenfalls merkbar besser als zu Beginn der Speisung.»

92 *Obwohl die Schulspeisung ausschließlich in den Räumen der Schulen eingenommen werden sollte, wurde diese Vorschrift ständig unterlaufen. Immer wieder sah man so Kinder am Straßenrand vor der Schule sitzend ihr Mittagessen löffeln.*

sens trat erst Mitte Dezember 1947 ein.

Jetzt erst wirkte sich die seit Anfang 1947 bestehende wirtschaftliche Gemeinschaft der britischen und der amerikanischen Zone («Bizone») auch endgültig auf die Schulspeisung aus. Für die britische Besatzungsmacht war die Wirtschaftsgemeinschaft der beiden Zonen ein Segen, denn die Briten hätten angesichts der kritischen Ernährungslage und der prekären Situation im Bereich der Energieversorgung in Großbritannien selbst über kurz oder lang den von ihnen übernommenen Verpflichtungen hinsichtlich der Nahrungsmittelversorgung und anderer notwendiger Importe in ihre Zone kaum mehr nachkommen können. Für die deutsche Bevölkerung war von daher die Entstehung der Bizone gleichfalls ein großer Vorteil, denn sie geriet nun unter amerikanischen Einfluß. Dieser Einfluß wuchs ab Mitte des Jahres 1947 erheblich an, da die ursprünglich zwischen Amerikanern und Briten vereinbarte gleiche Lastenverteilung zwischen den Partnern aufgrund der wirtschaftlichen Lage Großbritanniens nicht mehr aufrechterhalten werden konnte. Spätestens im September 1947 ging die Entscheidungsgewalt in der Bizone praktisch in die Hände der Amerikaner über.

Aussage eines Gelsenkirchener Schulleiters vom Juli 1947 über Geschmack und Qualität der Schulspeisung: «Während die Süßspeisen, die jedoch zumeist ohne eigentliche Süßigkeit sind, von den Kindern trotzdem gerne genommen werden, sind ihnen die Gemüsesuppen wegen des widerlichen Geschmackes nicht bekömmlich. Nur der Hunger zwingt die Mehrzahl der Kinder zum Hinunterwürgen der ihnen verhaßten Gemüsesuppe in dieser Zusammenstellung.»

Auszug aus dem Schreiben des Duisburger Stadtdirektors vom 19. Januar 1948 an das Landesernährungsamt: «Nach 1¾ Jahre langer Ausgabe von immer gleichbleibender Kost wurde die Neueinführung verschiedener Mahlzeiten von den Schulspeisungsteilnehmern besonders begrüßt. Die abwechslungsreiche Kost, die von allen Kindern sehr gelobt wird, findet im Vergleich zur alten Speisung regeren Zuspruch. Es ist nicht nur eine Erhöhung der Speisungsteilnehmer zu verzeichnen gewesen, sondern auch der Schulbesuch wurde wesentlich regelmäßiger.»

Für die deutsche Bevölkerung der britischen Zone bedeutete diese Veränderung letztlich die Wendung zu einem besseren Lebensstandard, da amerikanische Hilfsprogramme nun auch auf das britische Besatzungsgebiet ausgedehnt wurden. Ansatzweise schon Ende März 1947 deuteten sich erste Erträge des neuen amerikanischen Einflusses im Hinblick auf die Schulspeisung an. Diese war ebenfalls Gegenstand einer Besprechung beim Ernährungs- und Landwirtschaftsrat der Bizone, die sich eingehend mit der Anwendung des sogenannten «Hoover-Plans» auseinandersetzte.
Herbert Hoover, selbst Präsident der USA von 1929 bis 1933, war, nachdem er bereits zu Beginn des Jahres 1946 das verwüstete Deutschland besucht hatte, im Februar 1947 von US-Präsident Truman mit einer Delegation von Sachverständigen erneut nach Deutschland und Österreich entsandt worden. Hoover war es auch, der im Frühjahr 1946 die Gründung des karitativen amerikanischen Hilfswerks CARE (= Cooperative for American Remittances to Europe) angeregt hatte. Hoover und seine Kommission sollten den Zustand der Wirtschaft in Mitteleuropa studieren und Empfehlungen vorlegen, «wie die deutsche Industrie und damit die Ausfuhr wiederbelebt werden kann, damit den amerikanischen und britischen Steuerzahlern die Last erleichtert wird, die ihnen die Verhütung einer Hungersnot in Deutschland auferlegt«. Die Ergebnisse dieser Reise, niedergelegt in drei rasch erstatteten «Hoover-Berichten», wurden von Truman als die neuen Grundsätze der amerikanischen Politik akzeptiert.
Ein erstes Ergebnis des Hoover-Plans war hinsichtlich der Schulspeisung eine Neuordnung des Teilnehmerkreises. Um einen neuen Teilnehmerschlüssel erstellen zu können, wurden die Gemeinden am 5. Mai 1947 aufgefordert, dem Kultusminister des Landes Nordrhein-Westfalen bis zum 1. Juli eine genaue Aufstellung der Schüler, differenziert nach den Altersgruppen von 6 bis 14 und 14 bis 18 Jahren einerseits sowie Berufsschülern, unter Angabe der Schultage, andererseits, zu übermitteln. Außerdem sollte die Zahl der Lehrer angegeben werden. Nur – wie der Erlaß klar und deutlich zum Ausdruck bringt –, nicht mehr alle Schüler würden künftighin die Chance haben, an der Schulspeisung teilzunehmen. Nur noch eindeutig untergewichtige und kränkelnde Kinder sollten den Vorzug der zusätzlichen Mahlzeit genießen dürfen. Um den Kreis der Speisungsteilnehmer festlegen zu können, mußten aber zuerst einmal alle Kinder untersucht und gewogen werden. Das war Aufgabe der Gesundheitsämter.
Wie die Feststellung des Gesundheitszustandes der Kinder von den Städten und Gemeinden bewältigt werden sollte, blieb offen. Wie sollte es gelingen, gerade in den Großstädten des Reviers, Tausende von Kindern allein durch die Gesundheitsämter untersuchen zu lassen? Nicht nur, daß nicht genügend Personal zur Verfügung stand, um die erforderliche Meß- und Wiegeaktion in der Kürze der Zeit über die Bühne zu bringen, es mangelte z.T. schon an dem für die Untersuchung notwendigen Gerät. In Duisburg z.B. wies der Leiter des Gesundheitsamtes am 24. Mai 1947 darauf hin, «daß der größte Teil der Waagen zerstört ist und die wenigen noch in den Schulen vorhandenen die Möglichkeit zulassen, nur an einigen Schulen unter Umständen die Wiegungen vorzunehmen!» Ähnlich dürfte es anderen Städten auch ergangen sein. So waren es denn letztlich wohl weniger exakt ermittelte Zahlen, die dem Kultus-

Auszug aus einem Erlaß des nordrhein-westfälischen Kultusministeriums zur Neuordnung der Schulspeisung: «Im Rahmen nachstehender Richtlinien sind für die Speisung zu berücksichtigen:
1. Kinder, die 10% und mehr unter dem ... festgesetzten Durchschnittsgewicht liegen,
2. Tuberkulosegefährdete Kinder ...,
3. Kinder, die nach überstandener Infektionskrankheit oder sonstiger Krankheit als Rekonvaleszenten gelten,
4. Kinder in besonders starker Wachstumsphase, auch wenn sie das Standardgewicht nicht unterschreiten.

Soweit erforderlich, sind die Schulkinder von Ärzten der Gesundheitsämter ... untersuchen zu lassen. Ob die Speisung in dem geplanten Umfange durchgeführt werden kann, hängt von der Anzahl der in Frage kommenden Schulkinder und der zur Verfügung stehenden Portionszahl ab. Die Anzahl der Portionen für das Land Nordrhein-Westfalen ist noch nicht endgültig festgelegt.»

minister ins Haus flatterten, als mehr oder minder grobe Schätzungen.
Im September 1947 waren die Vorarbeiten zur Neuordnung der Schulspeisung schließlich abgeschlossen. Die Zahl der zu speisenden Kinder wurde für das Land Nordrhein-Westfalen auf 1380000 festgesetzt. Für mehr Kinder reichte die Menge der aus amerikanischen Einfuhren stammenden Lebensmittel nicht aus. Nicht einmal alle unter gesundheitlichen Gesichtspunkten als «speisungsbedürftig» gemeldeten Kinder konnten somit berücksichtigt werden, geschweige denn alle Kinder und Jugendlichen zwischen 6 und 18 Jahren.
Von der am 14. September 1947 beginnenden 106. Zuteilungsperiode an besaß diese Gesamtzahl Gültigkeit, nach einem bestimmten Schlüssel auf die verschiedenen Gemeinden verteilt. Im Ruhrgebiet konnten rund 400000 Kinder davon profitieren.
Auch Lehrer sollten künftighin weiter an der Schulspeisung teilnehmen dürfen, wenngleich es nicht mehr die gesamte Lehrerschaft sein sollte. War es bislang stillschweigend geduldet worden, daß alle Lehrer ihre Portion bekamen, so sollten es jetzt nur noch «die bei der Durchführung der Schulspeisung aktiv tätigen Lehrkräfte» sein. Und das auch nur, «nachdem die Speisung aller bedürftigen Kinder sichergestellt ist». Praktisch bedeutete das den Ausschluß der Lehrer, denn nirgendwo dürfte ja die Zahl der unterernährten Kinder tatsächlich mit dem offiziellen Verteilerschlüssel abgedeckt worden sein. Wenn man schon nicht alle Kinder versorgen konnte und deshalb Hilfslösungen ersann, wie in Herne, wo anstelle der Essenausgabe an sechs Tagen auf Beschluß des Schulausschusses die fünftägige Speisung eingeführt wurde, wie wollte man dann die Ausgabe von Mahlzeiten an Lehrer

Tabelle: Verteilerschlüssel für die Schulkinderspeisung im Ruhrgebiet (Stand: 14. 9. 1947)

Stadt	Zahl der zu speisenden Kinder
Bochum	29 600
Dortmund	55 300
Hamm	7 600
Witten	8 200
Herne	12 400
Wanne-Eickel	9 300
Castrop-Rauxel	8 000
Lünen	7 900
Wattenscheid	7 500
Unna	17 800
Duisburg	48 400
Essen	66 700
Mülheim/Ruhr	16 500
Oberhausen	25 200
Dinslaken	9 600
Bottrop	11 600
Gelsenkirchen	33 900
Gladbeck	8 700
Recklinghausen*	41 700

*einschließlich Landkreis Recklinghausen

Die oberste alliierte Aufsichtsbehörde der Bizone am 10. Januar 1949 zur Teilnahme von Lehrern an der Schulspeisung:

«1. ... Wir bedauern, daß wir im Augenblick nicht unsere Einwilligung zur grundlegenden Änderung der von uns... umrissenen Politik geben können.
2. Wir kennen und würdigen die geistigen und körperlichen Schwierigkeiten, unter denen viele deutsche Schullehrer arbeiten müssen, aber auf der anderen Seite gehen uns ständig... Mitteilungen zu, daß es im Rahmen der derzeitigen Kontingente nicht möglich ist, eine Mahlzeit für alle bedürftigen deutschen Kinder bereit zu stellen, die diese dringend benötigen.
3. Wir sind immer der Meinung gewesen – und wir zweifeln nicht im geringsten daran, daß Sie uns darin zustimmen –, daß alle erdenklichen Anstrengungen gemacht werden sollten, um den Ernährungsstandard der Schulkinder sicherzustellen... Es wird allgemein anerkannt, daß ein niedriger Ernährungsstandard in dieser so wichtigen Verbrauchergruppe zu einem physischen und psychologischen Schaden führen könnte, der nicht wieder gutzumachen ist.
4. Der Nutzen des Schulspeisungs-Programms... kann nicht zu niedrig eingeschätzt werden. Unglücklicherweise haben jedoch die Begrenzungen der verfügbaren Nahrungsmittel und Gelder auch dem Umfang des Programmes Beschränkungen auferlegt. Infolgedessen sind wir der Meinung, daß – obwohl wir gegen den Grundsatz, daß Lehrer an dem Schulspeisungsprogramm teilnehmen, keinen Einspruch erheben – wir dennoch die Zuteilung zusätzlicher Nahrungsmittel für diesen besonderen Zweck nicht genehmigen können.»

verantworten? Eingaben der Lehrerschaft, doch zusätzliche Nahrungsmittel für die «Lehrerspeisung» zur Verfügung zu stellen, blieben nicht nur 1947, sondern auch in den darauffolgenden Jahren bis ins Jahr 1949 hinein ohne Erfolg. Lediglich die Teilnahme einer begrenzten Zahl von Lehrern wurde nach wie vor immer wieder zugestanden, ohne daß man jedoch das Lebensmittelkontingent erweitert hätte.

Die gelegentliche Zuteilung von Nahrungsmittelpaketen an bedürftige Lehrer, wie im Februar 1948 geschehen, bedeutete vor diesem Hintergrund nicht mehr als ein «Trostpflästerchen». Was waren schon 48 Pakete – mehr gab es bei dieser Aktion nicht – für ganz Nordrhein-Westfalen angesichts vieler Tausender Lehrer?

Die Neuordnung der Schulspeisung vom September 1947 bildete die Grundlage für alle weiteren organisatorischen Veränderungen in der Folgezeit. Im wesentlichen handelte es sich bei diesen organisatorischen Umgestaltungen um Verbesserungen der Kontrollmechanismen. Denn immer noch verschwanden viel zu viele Lebensmittel in dunkle Kanäle. Aber auch der vom 1. Oktober 1948 eingeführte buchmäßige Nachweis, d. h. das Führen von Wareneingangs- und -ausgabebüchern sowie von Schulspeisungsbestands- und Schulspeisungstagebüchern, in denen alle mit der Essenaktion an den Schulen ablaufenden Vorgänge zu vermerken waren, schuf keine Abhilfe.

Ebenso tauchte ein anderes altbekanntes Problem, geringfügig abgewandelt, immer wieder auf: der Verzehr der Mahlzeiten außerhalb der Schulen. Seitdem amerikanische Konserven die Grundlage der Essenzubereitung bildeten, Konserven, die durchaus auch im ungekochten Zustand genießbar waren, trat immer wieder der Fall ein, daß die Nahrungsmittel den Kindern unzubereitet mit nach Hause gegeben wurden. Dies war gewiß sowohl aus der Sicht der Schule, die sich erhebliche Arbeit ersparte, als auch aus der Sicht vieler Kinder bzw. Eltern von Vorteil, die so ebenfalls ihren Nutzen aus der Schulspeisung ziehen konnten. Es entsprach nur nicht der Absicht der Initiatoren dieser Aktion. So nimmt es nicht wunder, wenn wiederholt darauf hingewiesen wurde, daß man die Lebensmittel auf keinen Fall als Konserven abgeben möge.

Schließlich konnten sämtliche organisatorischen Neuansätze auch kaum etwas daran ändern, daß eine volle Versorgung aller unterernährten Kinder zunächst gänzlich ausgeschlossen schien. Dies wurde auch nicht dadurch erreicht, daß die Schulspeisung vom 1. März 1948 an auch offiziell – in einigen Städten, wie erwähnt, schon Alltagspraxis – statt an sechs nur noch an fünf Tagen ausgegeben wurde. Zwar erhöhte sich die Höchstzahl der gespeisten Kinder in Nordrhein-Westfalen insgesamt damit von 1380000 auf 1655000, alle Kinder und Jugendlichen konnten damit aber immer noch nicht erfaßt werden.

Wie so häufig bei Dingen, die selbst durch beste organisatorische Vorkehrungen nicht in die gewünschte Richtung gelenkt werden können, ergab sich die Lösung gewissermaßen auf «natürliche» Weise. Den Auslöser hierfür bildete wieder einmal die Währungsreform im Juni 1948. Die Zahl der Schulspeisungsteilnehmer sank in den Monaten danach erheblich ab, z.T. um 30 bis 40 Prozent. Warum dies so war, ist nicht ganz eindeutig zu klären. Sicherlich dürfte die Senkung der Reallöhne ein Grund gewesen sein. Dieses war wiederum eine Folge der das Angebot übersteigenden Nachfrage nach vielen Waren. Gleichzeitig stieg die Zahl der Arbeitslosen von Juni 1948 bis Januar 1949 um mehr als das Doppelte an. Den Familien fehlte größtenteils das Geld, ihre Kinder weiterhin an der Schulspeisung teilnehmen zu lassen.

Deshalb wurden von offizieller Seite erneut Überlegungen angestellt, die Essenpreise zu senken. In einem Erlaß des Landesernährungsamtes, der schon im Juli 1948 an die Städte und Kreise erging, heißt es hierzu:

> «Die Höhe der für die Portion Schulspeisung eingezogenen Gelder schwankt im Lande Nordrhein-Westfalen zwischen 15–25 Pfennig. Als angemessen kann für die Zukunft nur noch ein Betrag von 15 Pfennig für die Mahlzeit angesehen werden... Die zur Verfügung gestellten Gerichte werden künftig im allgemeinen den Preis von 10 Pfg. im Monatsdurchschnitt nicht überschreiten. Dadurch sind alle Voraussetzungen gegeben, den Preis von 15 Pfg. pro Portion einheitlich im ganzen Lande einzuhalten, ein Preis, der für jedes Kind erschwinglich sein müßte. Für Kinder, die augenblicklich nicht in der Lage sein sollten, den Preis für die Schulspeisung aufzubringen, ist die öffentliche und private Wohlfahrtsfürsorge nach Überprüfung um etwaige Hilfe zu bitten.»

Erst nachdem die Vereinigten Staaten im März 1949 begonnen hatten, die Lebensmittel für die Schulspeisung kostenlos zur Verfügung zu stellen, waren die Voraussetzungen geschaffen, das Essen auch unentgeltlich an die Teilnehmer weiterzugeben.

Der rapide Rückgang der Teilnehmerzahl nach der Währungsreform

war aber gewiß nicht ausschließlich auf den Preis zurückzuführen. Auch die immer noch schlechte Qualität des Essens spielte eine Rolle. Warum sollte man das knappe Geld für ein vergleichsweise minderwertiges Essen opfern? Lediglich die zweimal monatlich erfolgende Ausgabe von Schokolade stellte nach wie vor einen Anreiz für die Kinder dar.
Dies wurde auch vom Landesernährungsamt Nordrhein-Westfalen als ein wesentlicher Grund für das rückläufige Interesse an der Schulspeisung erkannt. Bei der Suche nach den Ursachen für die schlechte Qualität stieß man auf eine Reihe von Anhaltspunkten. Da war zunächst einmal die «Streckung» der Portionen, um eine größere Anzahl von Kindern versorgen zu können. Die Güte des Essens mußte zwangsläufig darunter leiden. Auch wurde häufig die Rezeptur der Speisung nicht beachtet, so daß das Ergebnis alles andere als genießbar war. Auf der anderen Seite gab es aber häufig auch Speisen, die den Kindern an sich einfach nicht schmeckten.
In der Tat stiegen die Teilnehmerzahlen im Laufe des Jahres 1949 – die Mahlzeiten waren jetzt endlich «kindgemäßer» und schmeckten wesentlich besser – noch einmal an. Bald schon erwies sich die Schulspeisung jedoch als nicht mehr in dem Umfang notwendig. Die wirtschaftliche Lage der meisten Familien begann sich um die Jahreswende 1949/50 zu konsolidieren. Die allgemeine Schulspeisung wurde so im Sommer 1950 eingestellt. Danach diente sie für eine Übergangszeit nur noch den Kindern von Fürsorge- und Unterstützungsempfängern.
Fragt man nach dem Nutzen der rund vier Jahre währenden Hilfsaktion, so muß man sie, trotz mancher Mängel und Schwierigkeiten, als den Lebensnerv der Kinder in der unmittelbaren Nachkriegszeit überaus lobend hervorheben. Waren nach einer offiziellen Statistik 1946 nur 15 Prozent aller Kinder in der britischen Besatzungszone als «gut ernährt» und 40 Prozent als «offensichtlich unterernährt» zu bezeichnen, so wuchs im Jahr darauf die Zahl der gut ernährten Kinder bis auf 25 Prozent an, wohingegen die Zahl der unterernährten Kinder auf 35 Prozent absank. Dieses Verhältnis dürfte sich bis zur Beendigung der Aktion noch weiter verbessert haben. Nicht zuletzt war es ein Ergebnis der allgemeinen Schulspeisung.

Auszug aus der Untersuchung des Landesernährungsamtes (LEA) zum Rückgang der Zahl der an der Schulspeisung teilnehmenden Kinder vom 8. Juli 1948:
«Die für die Schulspeisung zur Verfügung gestellten Rohstoffe zwingen oft zu Gerichten, die den Kindern nicht so munden wie eine Mahlzeit auf süßer Basis.
Es hieße jedoch das Wesen der ganzen Speisung verkennen, wenn man diese als Nascherei betrachten würde. Die Kinder sollen ein gesundes, kräftiges und nahrhaftes Gericht erhalten von möglichst großer Vielseitigkeit. Das LEA ist bemüht, den Speisezettel... möglichst abwechslungsreich zu gestalten und dem kindlichen Geschmack weitgehendst entgegenzukommen... Wenn es auch endlich gelungen ist, Bohnen und Sojamehl ganz aus dem Schulspeisungsprogramm auszuschalten, so wird doch auf andere z. Z. unbeliebte Hülsenfrüchte nicht verzichtet werden können. Erbsen werden dafür gemeinsam mit Trockenkartoffeln zu einem Suppenmehl verarbeitet, das jetzt, vollkommen ungewürzt, den Kochstellen zugestellt wird. Durch gewissenhaftes Abschmecken in der Küche kann dem kindlichen Geschmack entgegengekommen werden... In Zukunft wird das LEA bemüht sein, in den Speisezettel nur noch 2 herbe Suppen auf Kartoffel- und Erbsenbasis insgesamt im Monat einzusetzen. Für die übrigen Tage sind süße Suppen, Teigwaren und Gebäck mit einem süßen Trunk oder Fleischbrühe vorgesehen. Mit einem derartigen Speisezettel muß bei einigermaßen sachgemäßer Zubereitung ein starker Anreiz zur Teilnahme an der Schulspeisung bestehen.»

2. «Liebet Euren Nächsten!»

Die von Briten und Amerikanern getragene allgemeine Schulspeisung war zwar die wesentlichste Einrichtung zur Linderung der existentiellen Not der Ruhrgebietskinder, sie war aber beileibe nicht die einzige Hilfsaktion. Auch wenn ihr offizieller Charakter ebenso wie der Umfang der geleisteten Hilfe ihr einen Sonderstatus zuweisen, so ist die Überlebenshilfe der kleineren, auf privaten Initiativen vor allem des Auslands fußenden Hilfsaktionen und -organisationen nicht zu verkennen. Und derer gab es einige Dutzend in den Städten des Ruhrgebiets zwischen 1946 und 1949.

So wie es in Essen Ende 1946 zuging, dürfte es auch in manch anderer Stadt ausgesehen haben. Unter der Überschrift «Kinder bei großen Freunden zu Gast» schrieb die «Neue Ruhr-Zeitung» am 26. Oktober 1946:

«Betongrau wie die Wände des Bunkers sind die Gesichter der Menschen darin. Die Luft ist stickig und abgestanden. Der Bunkergang führt um einige Winkel bis zu dem kleinen quadratischen Zimmer, in dem die Betreuerin der hier untergebrachten Menschen ohne Heim bereits auf den Besuch wartet. Denn die Kinder, die vor dem Eingang spielen, haben ihr schon gemeldet, daß der große graue Wagen draußen vorfuhr, der auf drei Seiten das Rote Kreuz trägt. Die beiden jungen Engländerinnen in ihren dunklen Uniformen gehören zur Salvation Army (= Heilsarmee, d. Verf.), jener religiösen Hilfsorganisation, die in Verbindung mit den deutschen Nothilfsverbänden dem Hilfswerk Schwedens, der Schweiz und dem Internationalen Roten Kreuz in Deutschland weilt, um den Deutschen zu helfen, durch menschliche, ganz persönliche Tat.»

93 *Das Schwedische Rote Kreuz war eine jener privaten ausländischen Hilfsorganisationen, die nach dem Krieg im Ruhrgebiet aktiv wurden. Hier wird gerade die «Schwedenspeisung» gekocht.*

Das Essen, das hier angeliefert wird, wird in einer Großküche zubereitet, die von drei Nationen benutzt wird: morgens von Engländern und Deutschen und am Nachmittag von Schweden.
Es erscheint unmöglich, alle auf diesem Felde aktiven Organisationen näher zu beleuchten; dafür waren es zu viele. Zu sehr beschränkte sich häufig ihre Arbeit auf einzelne Städte oder punktuelle Hilfeleistungen. Herausgehoben werden müssen jedoch die in einer Reihe von Ruhrgebietsstädten gleichzeitig stattfindenden humanitären Bemühungen des Schwedischen Roten Kreuzes und der «Schweizer Spende».
Seit Oktober 1946 arbeiteten die Schweden im Ruhrgebiet: in Dortmund, Essen, Gelsenkirchen und Duisburg. Hier lag das Schwergewicht ihrer Tätigkeit, denn außerdem leisteten sie ihre Hilfe nur noch in Berlin und Hamburg, wo die Not der Menschen ebenso große Ausmaße angenommen hatte. Im Vordergrund aller Aktivitäten stand die Speisung besonders bedürftiger, d.h. extrem unterernährter Kinder zwischen sechs und vierzehn Jahren. Um auch wirklich bedürftige Kinder zu unterstützen, wurden die Teilnehmer an der «Schwedenspeisung» – dieser Begriff hatte sich bald eingebürgert – ausschließlich aufgrund ärztlicher Untersuchungen ausgewählt. Die Kinder wurden bei diesen Untersuchungen in drei «Klassen», genauer: Gruppen mit drei verschiedenen Graden an Unterernährung, eingeteilt: guter, durchschnittlicher und schlechter Ernährungszustand. In den meisten Schulen, hier wurde der Grundstein für die Teilnehmerschaft gelegt, gehörten drei Viertel bis vier Fünftel aller Kinder der Gruppe mit schlechtem Ernährungszustand an, zur ersten Grup-

94 *Eingang der Schweizer-Spende-Kinderstation in Gelsenkirchen. Im Gegensatz zu den meisten anderen Hilfswerkern kümmerte sich die Schweizer Spende anfangs nur um die Kinder, die noch nicht schulpflichtig waren.*

pe dagegen zählte kaum ein Kind. An der Schwedenspeisung teilnehmen konnten aber alle diese Kinder noch lange nicht. Nur die «schwierigsten Fälle» also diejenigen, deren Unterernährung am weitesten fortgeschritten war, hatten das Glück, unter den Auserwählten zu sein. Die Kinder mußten mindestens ½ kg Untergewicht haben oder krank sein. Man begann mit der Speisung deshalb auch in besonders problematischen Ortsteilen der verschiedenen Städte, vor allem den Arbeitervierteln. Dabei hätten es alle Kinder bitter nötig gehabt. Was waren schon 300 Kalorien, die sie zusätzlich über die Schulspeisung bekamen? So aber waren es nur zwischen einem Drittel und der Hälfte aller Schulkinder. An manchen Schulen wurden ganze Jahrgangsstufen ausgelassen, meistens die oberen Klassen und damit die «älteren» Schüler, die allerdings auch nur 14 oder 15 Jahre zählten und sich durchaus noch im Wachstum befanden.

Um nicht immer die gleichen Kinder zu bevorzugen, plante man zum Jahreswechsel 1947/48 einen vierteljährlichen Austausch der zu versorgenden Kinder, also ein Rotationssystem. 55000 Kindern des Ruhrgebiets wurde Ende 1947 zusätzlich zur allgemeinen Schulspeisung diese Hilfe zuteil. 15000 allein in Dortmund! Es mußte eine Auswahl unter den Kindern getroffen werden, waren doch die den Schweden für diese Aktion zur Verfügung stehenden Nahrungsmittelmengen begrenzt.

Beschafft wurden diese direkt aus Schweden, wo man sie über Spenden kontingentierte. Das war auch der Grund, warum die Schwedenspeisung zwischen 1946 und 1949 nie kontinuierlich stattfinden konnte. Zumeist waren es Zeiträume von drei bis neun Monaten pro Jahr. In den Wintern 1946/47 und 1947/48, in denen angesichts der überaus großen Hungersnot jede Kalorie gezählt wurde, waren die schwedischen Helfer jedoch präsent. In den Sommermonaten dagegen klaffte häufig eine Lücke, die aber leichter zu schließen war. So kam es zu dem Kuriosum, daß die dankbare Verabschiedung des Schwedischen Roten Kreuzes in einigen Städten gleich mehrfach stattfand. Im Sommer 1947 etwa in Dortmund, wo der Leiter der Aktion erklärte, «daß Schweden sich angesichts der Welternährungskrise keine Lebensmitteleinfuhren bis zur neuen Ernte erlauben kann. Bei einer guten Ernte wird die Speisung im Herbst fortgesetzt werden.» Offenbar fiel die Ernte gut aus, denn die Helfer kamen wieder. Und nicht nur nach Dortmund, sondern auch nach Essen, Duisburg und Gelsenkirchen.

Die eingeschränkte Menge zu verteilender Nahrungsmittel war es wohl auch, die ein besonders strenges Reglement bei der Ausgabe der Mahlzeiten an die Kinder erforderlich machte. Die Speisung erfolgte in den Schulen unter Mitwirkung der Lehrer. Da Schichtunterricht ja die Regel war, bekamen die Kinder, die vormittags Unterricht hatten, anfangs ihr Essen nach dem Unterricht, diejenigen, die nachmittags unterrichtet wurden, vor dem Unterricht. Im weiteren Verlauf wurde die Speisung jedoch einheitlich am Nachmittag ausgeteilt. Die Kinder mußten dann eben noch einmal nachmittags zur Schule kommen. Schließlich war es die Sache ja wert.

Die eigentliche Verteilung des Essens kam einem Ritual gleich. Der Grund hierfür war aber letztlich nur die Verwaltung des Mangels. Um eine gerechte Verteilung zu garantieren, bedurfte es eben einer Reihe sich stetig wiederholender Kontrollmechanismen. Die Speisung erfolgte in einigen eigens dafür hergerichteten Klassenräumen. Die Kinder hatten sich gruppenweise zu versammeln. Jedes Kind besaß eine Kontrollkarte, eine Art Ausweis, der es berechtigte, an der Schwedenspeisung teilzunehmen. War eine Gruppe an der Reihe, so betraten die Kinder dieser Gruppe den «Speiseraum ». Dabei gaben sie beim Betreten des Raumes ihre Kontrollkarten an einen Lehrer ab. Dieser verfügte zudem über eine Liste der Speisungsteilnehmer. Auf dieser Liste wurde täglich die Teilnahme eines jeden Kindes abgezeichnet. Gleichzeitig erhielt die Kontrollkarte einen Vermerk. Die Kinder setzten sich dann in der Reihenfolge, in der die Namen in der Liste standen. Sodann erhielt jedes Kind ½ l Suppe, wobei peinlich darauf geachtet wurde, daß die Schöpflöffel, mit denen man die Suppe aus den 50 l fassenden Thermosbehältern in die Eßgeschirre der Kinder füllte, auch wirklich ½ l Suppe faßten. Das Austeilen der Speisen nahmen meistens deutsche Schwestern des Rotes Kreuzes vor. Nach Beendigung der Mahlzeit verließen die Kinder den Raum und erhielten ihre Kontrollkarte zurück. Für diensthabende Lehrer und Hausmeister stand gleichfalls eine Portion der Speisung zur Verfügung. Blieben Kinder mehr als drei Tage unentschuldigt der Speisung fern, so konnten sie durch andere Kinder ersetzt werden.

95 *Auch die Verteilung von Kleidungsstücken, insbesondere von Schuhen, gehörte zum Hilfsprogramm der Schweden.*

96 *Sehnsüchtig erwarten die Kindergartenkinder das Essen der Schweizer Spende.*

97 *Die Speisungen der Schweizer Spende erfolgten in vielen kleinen, über die Stadtgebiete verteilten Stationen, meistens provisorisch wiedererrichteten Kindergärten. Aber nicht nur Essen, auch das Spiel war wichtig.*

98 *Alle Speisen der Schweizer Spende wurden direkt aus der Schweiz eingeführt. Selbst die Lastwagen stammten zum Teil daher.*

Das Essen unterschied sich in der Grundzusammensetzung kaum von dem der allgemeinen Schulspeisung: süße Suppen und Nährmittelsuppen «mit großem Fleischzusatz». Wohl aber war es – so die einhellige Meinung aller Beteiligten – wesentlich wohlschmeckender. Darüber hinaus gab es zu bestimmten Anlässen, wie etwa Weihnachten, Sonderzuteilungen. Hier wurden vor allem süße Sachen verschenkt: am Heiligen Abend des Jahres 1946 erhielten alle Kinder ein Stückchen Pfefferkuchen, ein Stückchen Haferkuchen und einen kleinen Riegel Schokolade. Und am 3. Februar 1947 vermerkt der Chronist der katholischen Schillerschule in Gelsenkirchen, daß jedes Kind der Schule «etwa 7 Bonbons» erhielt. Um den Erfolg der Aktion meßbar zu machen, wurde jedes teilnehmende Kind regelmäßig gewogen. Allerdings wurden dabei während des Hungerwinters 1946/47 trotz der Schul- und Schwedenspeisung nicht selten sogar Gewichtsabnahmen sichtbar.
Die Hilfen des Schwedischen Roten Kreuzes in diesen Jahren beschränkten sich aber nicht nur auf eine kostenlose zusätzliche Speisung der Kinder. Man war darum bemüht, die allgemeine Notlage insgesamt zu lindern. Dazu zählte auch ein Vorbeugungsprogramm gegen Krankheiten, für die die unterernährten Kinder ja besonders anfällig waren. Die Kinder bekamen deshalb seit Anfang 1947 Lebertran; jeweils ein Eßlöffel wurde vor der Ausgabe der Mahlzeiten jedem Kind verabreicht. Die Abwehrkräfte sollten dadurch gestärkt werden. Für die Kinder war es täglich von neuem ein scheußliches Erlebnis, denn der Lebertran, keineswegs durch irgendwelche Geschmackszusätze verfeinert, schmeckte widerlich, aber er half. Und ohne den Löffel Lebertran bekam auch kein Kind sein Essen. Was sollten sie also anderes tun, als mit Todesverachtung die tranige

Flüssigkeit zu schlucken? Eine weitere wesentliche Maßnahme bestand in einer Schutzimpfung gegen Lungentuberkulose, die angesichts der Ernährungskatastrophe eine große Gefahr darstellte.
Zur Vorbeugung im weitesten Sinn zählte schließlich auch die Verteilung von Kleidungsstücken und Schuhen. Was nützten alle Anstrengungen, die Kinder gegen Krankheit zu schützen, wenn sie sogar im Winter nur leicht bekleidet, ohne wärmenden Mantel und zum Teil sogar barfuß zur Schule gehen mußten? Allerdings – mehr als «ein Tropfen auf den heißen Stein» war auch das nicht! Was waren schon 2150 Paar Schuhe, wie sie die Schweden im Mai 1947 z. B. in Gelsenkirchen verteilten, bei schätzungsweise 60000 Kindern, die diese Stadt zu diesem Zeitpunkt zählte? So mußten die Initiatoren der Hilfe auch hier aufs genaueste auswählen, um auch die «richtigen» Kinder zu versorgen. Jedes Kind wurde erst einmal daraufhin überprüft, ob es auch wirklich einen neuen Mantel, eine neue Hose, ein neues Hemd brauchte. Erst wenn das feststand, bekam es schließlich auch das Kleidungsstück.
Auch die Schweizer waren im Verlaufe des Jahres 1946 ins Ruhrgebiet gekommen. In Bochum, Dortmund und Gelsenkirchen hatten sie sich im Rahmen der «Schweizer Spende» niedergelassen. Darüber hinaus war die Hilfsaktion in der britischen Zone noch in Köln, Aachen, Kleve-Goch, Düren-Jülich und Kiel vertreten. Hinzu kamen fünf Städte in der französischen Zone. In Berlin und der russischen Zone waren Aktionen nur über das Internationale Rote Kreuz möglich. Schon bald sollte sich die Gelsenkirchener Maßnahme als die wichtigste herauskristallisieren, von der Impulse überallhin ausgingen. Auf die Gründe, warum gerade die Arbeit der Schweizer Spende in dieser Stadt bahnbrechend wirkte, wird noch näher einzuge-

99 *Am Palmsonntag des Jahres 1946 trifft ein Zug aus Basel, der u. a. Barackenteile geladen hat, in Gelsenkirchen ein. Die Schweizer Spende beginnt so ihre Arbeit im Ruhrgebiet.*

100 *Auf einem ehemaligen Sportplatz wurde das Schweizer Dorf in Gelsenkirchen errichtet. Die britischen Besatzungsbehörden unterstützten das Vorhaben der Schweizer nach Kräften.*

101 *Ein Güterwaggon dient dem späteren Leiter der Schweizer-Spende-Aktion in Gelsenkirchen, Dr. Alfred Ledermann, während der Fahrt von Basel über mehrere Tage als Wohn-, Schlaf- und Arbeitszimmer.*

102 *Innerhalb nur weniger Tage wurden die Baracken des Schweizer Dorfes errichtet.*

hen sein. Nur soviel sei jetzt schon gesagt: sie waren rein personeller Natur.

Die Schweizer Spende war schon während des Krieges, im Herbst 1944, ins Leben gerufen worden. Mit ihrer Leitung wurde der aus dem Tessin stammende Rodolfo Olgiati betraut. Olgiati war von Beruf Mittelschullehrer und hatte über Jahre als Erzieher in der «Odenwaldschule» gearbeitet, einer Reformschule, die gekennzeichnet ist durch Selbstverwaltung der Schüler, gemeinsame Erziehung von Jungen und Mädchen, Fachgruppen statt Jahrgangsklassen, sinnvolle Zusammenfassung der Lerninhalte und jeglichen Verzicht auf Schulnoten. Olgiati war es, der mit dazu beitrug, daß schon 1940 französische kriegsgeschädigte Kinder durch das Rote Kreuz «verschickt» wurden, um wieder gesund zu werden. Die ersten kleinen Kriegsopfer, Waisen, unterernährt und krank, kamen durch die Kinderhilfe in die Schweiz. Olgiati wurde mit der Leitung der Schweizer Spende beauftragt, als er auf Einladung der Quäker durch Großbritannien und die USA reiste, um deren soziale Hilfsdienste zu studieren.

Die Schweizer Spende, auf Beschluß des Schweizer Bundesrats als Patronat der ganzen Bevölkerung aus der Taufe gehoben, war vom Grundsatz her zunächst europaweit angelegt, ja an die Einbeziehung Deutschlands hatte zum Zeitpunkt ihrer Gründung eigentlich niemand gedacht. Zwar wollte man den Kindern Europas, die unter dem Krieg und seinen Folgen gelitten hatten, helfen – aber auch den deutschen Kindern? Hatten deren Eltern nicht die Katastrophe verschuldet? Viele Schweizer dachten so, als man Ende 1945 von seiten der Organisatoren des Hilfswerks erstmals die Absicht äußerte, auch das besiegte Deutschland in die Kinderhilfsmaßnahmen einzubeziehen. Und es bedurfte einer ein-

«Der lebende Leichnam» überschrieb ein Journalist der konservativen Zeitung «Vaterland», die in Luzern erschien, seine Reportage über eine Reise durch Deutschland Anfang 1946: «Wenn Deutschland über die Zeiten der ärgsten Not geholfen wird – und es muß ihm nicht nur im Interesse Deutschlands, sondern auch im Interesse Europas geholfen werden –, dann wird sich das deutsche Volk wieder erholen, gewiß unter furchtbaren Schmerzen und Verlusten, aber doch mit der Möglichkeit eines neuen Aufstiegs. Die Besatzungsmächte vergessen allzusehr, daß ein Toter gefährlicher sein kann als ein Lebender. Ein lebendiges Deutschland ist weniger zu fürchten als ein totes Deutschland, dessen Verwesung ganz Europa infizieren würde. Eine großzügige und großherzige Deutschlandhilfe ist ganz einfach eine europäische Aufgabe.»

gehenden Überzeugungsarbeit, um diesen verständlichen Widerstand der Schweizer Bevölkerung zu brechen. Engagierte Helfer und Mitarbeiter der Schweizer Spende zogen, Wanderpredigern gleich, durch die Städte, hielten Vorträge und schilderten die überaus schlimme soziale und wirtschaftliche Lage Deutschlands, malten die Wohnungsnot aus, beschrieben den Hunger, verwiesen auf die notleidenden Kinder und erbaten Spenden jeglicher Art: Kleider, Schuhe, Nahrungsmittel, Hausrat und – Geld. Ihr Eifer hatte Erfolg. Nicht zuletzt deshalb, weil sich auch die Schweizer Presse auf die Seite der Schweizer Spende geschlagen hatte. Reporter reisten durch Deutschland und veröffentlichten immer wieder die Eindrücke des Schreckens.

Als die Schweizer Spende schließlich Ende 1948 ihre Deutschlandarbeit einstellte, war – wohl gerade infolge der intensiven Überzeugungsarbeit der Presse – von den anfänglichen Vorbehalten nichts mehr geblieben. Im Gegenteil! Mit mehr als 35 Millionen Schweizer Franken waren sogar die meisten Gelder nach Deutschland geflossen.

Von der Organisation her darf man sich die Schweizer Spende nicht als ein einheitliches Ganzes vorstellen. Wenngleich sie über einen zentralen Verwaltungsapparat in Bern verfügte, so erbrachte sie ihre Hilfsdienste «vor Ort», d.h. in den verschiedensten Notgebieten, doch nicht über eigene Mitarbeiter. Diese Arbeit wurde von unterschiedlichen sozialen Organisationen und Trägern der Wohlfahrtspflege geleistet, deren sich die Schweizer Spende gewissermaßen nur bediente. Dazu zählten das Schweizer Rote Kreuz, die Basler Evangelische Kirche, die Schweizer Caritas und das Schweizer Arbeiterhilfswerk.

Wiederum gab es trotz der unterschiedlichen Organisationen dennoch ein grundlegendes, weitgehend einheitliches Konzept. Dieses dokumentierte sich, wenn man so will, schon rein äußerlich: Überall, wo die Schweizer Spende aktiv wurde, entstanden aus mitgebrachten Barackenteilen schnellstens errichtete kleine «Schweizer Dörfer», die als künftige Schaltzentrale und auch als Mittelpunkt der sozialen Hilfeleistung dienten, in Gelsenkirchen ebenso wie in Dortmund und Bochum! Zu jedem Dorf gehörte eine Küche, ein Arbeitsraum, ein «Eßzimmer», ein Warenlager und ein Zimmer bzw. eine Baracke für das Personal.

Aber auch die Art der Maßnahmen stimmte – zumindest grob – überein. Und obwohl die Barackendörfer von verschiedenen Organisationen unterhalten wurden, hielten die Stationen über die gesamte Zeit ihrer Tätigkeit hinweg untereinander regen und engen Kontakt.

Auch die Schweizer Spende war, wie alle anderen Hilfsorganisationen, zuallererst mit dem Anliegen angetreten, den Hunger der Kinder einzudämmen. Wenn es schon nicht möglich war, die gesamte Not binnen kürzester Zeit zu beseitigen, so sollte es doch möglich sein, wenigstens die Hungersnot nicht noch weiter ausufern zu lassen. Anders als die anderen Hilfswerke kümmerten sich die Schweizer indessen zuerst nicht überwiegend um die Schulkinder, sondern um die Kleinsten, die höchstens Sechsjährigen, die noch nicht zur Schule gingen. Wohl gab es genügend ältere Kinder, die zwar notdürftig mit Hilfe der allgemeinen Schulspeisung bei Kräften gehalten wurden, die aber durchaus zusätzlicher Ernährung bedurft hätten, ohne von der Schwedenspeisung etwa, die ja begrenzte zusätzliche Speisungen veranstaltete, berücksichtigt werden zu können. Hier hätte man auch helfen können. Aber was wäre dann aus den vielen Kleinkindern geworden? Anfänglich, zu Beginn der allgemeinen Schulspeisung Ende 1945, waren diese Kinder in einigen Städten, wie z. B. in Duis-

Im Juli 1946 fragte die «Neue Berner Zeitung», über die Hungersnot insbesondere im Ruhrgebiet berichtend: «Soll man sich... auf den Standpunkt stellen, je mehr Deutsche zugrunde gehen, um so besser? Das würde nicht weniger bedeuten, als dass der schlimmste Naziungeist auch uns erfasst hat. Oder soll man nicht eher den Notleidenden die helfende Hand reichen? Wollen wir nicht gerade darum, weil wir keine Nazis sind, auch zeigen, dass wir anders sind und die reine Menschlichkeit höher stellen als alle politischen Rechnungen?»

burg, ja noch mit von der Essenausgabe erfaßt worden. Seit Anfang 1946 war das jedoch ausdrücklich von den Militärbehörden untersagt. Die Festlegung der Schweizer Spende auf die Kleineren war von daher durchaus gerechtfertigt! Die Auswahl dieses Kreises reduzierte zwar die Kinderzahl, um die es sich zu kümmern hieß. Aber selbst diese kleine Zahl konnte zu Beginn der Schweizer Hilfsmaßnahmen nicht vollständig versorgt werden. In Gelsenkirchen z. B., wo es im April 1946 10986 Kinder bis zu sechs Jahren gab, konnte man nur rund 2000, also nicht einmal ein Fünftel, berücksichtigen. So mußte nochmals ausgewählt werden. Auf die drei- bis sechsjährigen Kinder fiel zuerst das Los, da zu diesem Zeitpunkt die Milchversorgung für die Allerkleinsten noch einigermaßen intakt war. Aber selbst bei der Gruppe der älteren Kinder waren Härten nicht zu vermeiden, denn diese Altersstufe umfaßte immer noch rund 6000. Eine nochmalige Eingrenzung auf Ostflüchtlinge, Ausgebombte und Kinderreiche war die Folge. Erst nach und nach konnte die Anzahl der gespeisten Kinder erhöht werden. Ob in allen Ruhrgebietsstationen schließlich auch alle in Frage kommenden Kinder in den Genuß des Essens kamen, ist nicht eindeutig nachweisbar. Zweifel daran sind allerdings angebracht.

Die Speisung wurde nicht ausschließlich zentral durchgeführt, sondern in vielen kleinen, über die jeweiligen Stadtgebiete verteilten Stationen, meistens provisorisch und auf die Schnelle wiedererrichteten Kindergärten. Die Mahlzeiten wurden, wie bei der Schulspeisung auch, in Großküchen zubereitet und an die einzelnen Stationen täglich geliefert. Auch das Essen selbst unterschied sich kaum von dem, was Engländer und Schweden anboten: hauptsächlich gab es einen halben Liter warme, zumeist süße Suppe.

Da alle Zutaten aus der Schweiz eingeführt wurden, existierten jedoch einige Besonderheiten. So war z. B. außer der Suppe der Schweizer «Bundesziegel» gleichfalls Bestandteil der Zusatzverpflegung. Der «Bundesziegel» – das war der schweizerische Militärzwieback. Von den Milizen der Schweiz nicht eben geschätzt, kam er im hungernden Deutschland zu neuen Ehren und wurde von Tausenden von deutschen Kindern sehnsüchtig erwartet und mit höchster Begeisterung vertilgt.

Ganz anders als die Hilfsaktion des Schwedischen Roten Kreuzes, die den Mangel geradezu perfektionistisch zu verwalten trachtete, war die Schweizer Spende von nahezu völliger Improvisation geprägt, was sicherlich bei aller Kooperation und Koordination auch auf eine überaus große Autonomie der einzelnen Schweizer Dörfer zurückzuführen ist. Am deutlichsten wird das an einem Beispiel: dem Beginn der Arbeit der Schweizer Spende in der Revierstadt Gelsenkirchen.

Es war im April 1946, Palmsonntag, als die Schweizer Spende in Gelsenkirchen ihre Tätigkeit aufnahm. Am frühen Morgen dieses Tages rollte ein Güterzug in den Gelsenkirchener Bahnhof. Einige geschlossene Waggons wechselten sich mit solchen ab, die eine offene Ladefläche hatten. Große, flächige Holzteile waren darauf zu erkennen. Sie sollten sich später als vorgefertigte Bausätze von Baracken erweisen.

Der Zug kam aus Basel und war schon mehrere Tage unterwegs. Die Durchquerung verschiedener Besatzungszonen – immerhin mußte man, von Basel kommend, sowohl die französische als auch Teile der amerikanischen Zone durchfahren – und damit verbundene Formalitäten waren nicht die Ursache für die lange Reisedauer. Die fehlenden Lokomotiven und die zerstörten Brücken waren vielmehr die eigentlichen Gründe. Im Pendelverkehr fuhren die wenigen Lokomotiven zwischen zwei Bahnhöfen hin und her, hängten einen Zug ab und koppelten einen anderen an, um diesen zum nächsten Bahnhof zu schleppen. Der Transport dauerte selbst auf den kürzesten Strecken deshalb meistens Stunden, manchmal sogar Tage. Und um einen Fluß oder Kanal zu überqueren, waren in der Regel wegen der Zerstörung der Brücken riesige Umwege in Kauf zu nehmen.

Eine solche Odyssee hatte der Zug der Schweizer Spende, denn um den handelte es sich, hinter sich, als er an jenem Sonntag Gelsenkirchen endlich erreicht hatte.

Einer der geschlossenen Waggons unterschied sich bei näherem Hinsehen von den anderen: kleine Gardinchen zierten die winzigen Fensteröffnungen. Wurde er geöffnet, so sah man zudem ein Bett, das ebenso darin stand wie ein Tisch und ein Stuhl. Der Güterwagen hatte dem ersten Leiter der Schweizer-Spende-Station in Gelsenkirchen, Alfred Ledermann, während der langen Fahrt als Wohn-, Schlaf- und Arbeitszimmer gedient.

Nun war man endlich da! Von der Ankunft des Schweizer Hilfszuges wußte allerdings noch niemand. Er war auch nicht angekündigt. Für Ledermann hieß es nun erstmals: Improvisieren! Er mußte sich zunächst einmal bemerkbar machen. Danach mußte er einen Standort für das Barackendorf finden, dessen Einzelteile er mit dem Zug mitgebracht hatte. Er mußte diese Fertigteile zu dem Standort bringen. Dazu brauchte er Lastautos und Benzin, Dinge, die – nicht einmal ein ganzes Jahr nach Kriegsende – eigentlich kaum aufzutreiben waren. Und schließlich brauchte er Arbeiter, die die Baracken aufbauten. Auch das war nicht so einfach.

Ledermann nahm alle Hürden. Noch am Tage seiner Ankunft hatte er Kontakt zu den deutschen

Kommunalpolitikern und -verwaltungsstellen hergestellt, am Tag darauf wurde ihm ein geeignetes Grundstück für sein Barackendorf zur Verfügung gestellt und im Laufe der Woche knüpfte er ebenso Kontakt zu den britischen Besatzungsbehörden, die künftighin hier wie andernorts auch die Arbeit der Schweizer Spende unterstützen sollten, wie er mit dem Aufbau des Dorfes begann.
Zwischenzeitlich hatte er auch im Gebäude eines Kaufhauses eine Möglichkeit gefunden, die mitgebrachten Waren bis zur Fertigstellung des Dorfes zu lagern. Denn außer den Barackenteilen hatte Ledermann Nahrungsmittel, Kleidungsstücke, Nähmaschinen und, angesichts des bevorstehenden Osterfestes, Osterhasen aus Schokolade mitgebracht. Für die Kinder, die sie bekamen, wurde Ostern zum wahren Freudenfest. Hatten sie doch zum Teil Zeit ihres Lebens noch keine Schokolade zu Gesicht bekommen. Alle Waren, die der engagierte Mann aus der Schweiz in seinem Zug mitführte, stammten aus Spenden der Schweizer Bevölkerung, die er und andere über ein halbes Jahr lang vor allem in Basel regelrecht «erbettelt» hatten.
Die Notwendigkeit zur Improvisation riß in den folgenden Wochen und Monaten nicht ab. Selbst als zum Jahresende die ersten Anlaufschwierigkeiten überwunden schienen, wurde dem Leiter der Schweizer Spende immer wieder die Fähigkeit abverlangt, sich spontan auf eine Situation einstellen zu können. So auch, als im November 1946 an einem Sonntagmorgen plötzlich zwei Waggons, beladen mit Äpfeln, einer Kostbarkeit in jener Zeit, auf dem Gelsenkirchener Güterbahnhof standen. Auch hier gab es keine Vorankündigung. Lediglich als die Äpfel da waren, hieß es, sie seien für die Schweizer Spende bestimmt und man möge sie abholen. Wollte man nicht Gefahr laufen, die Äpfel verderben zu lassen, so mußte man sofort handeln. Woher aber so schnell an einem Sonntag Arbeitskräfte holen? Ledermann wußte sich auch hier zu helfen. Dank seiner zu diesem Zeitpunkt schon ausgezeichneten Beziehungen zu allen möglichen Behörden, gelang es ihm, Strafgefangene für diese Tätigkeit gestellt zu bekommen. Die Äpfel wurden in einer Schule zwischengelagert und schließlich abgezählt, denn Waagen standen nicht genügend zur Verfügung, an alle Gelsenkirchener Kinder ausgegeben.
Auch in den anderen Schweizer Dörfern gehörte Improvisation zum Alltag, auch wenn ansonsten die Barackendörfer bei der Ankunft der Mitabeiter aus der Schweiz schon errichtet waren. War es vielleicht auch diese Spontaneität, die die Schweizer bald die Sympathien aller Bevölkerungskreise gewinnen ließ? Die Improvisation verhalf den Mitarbeitern der Schweizer Spende jedenfalls zu einem engeren Kontakt zur Bevölkerung und zu den verantwortlichen Stellen als sie jede andere Hilfsorganisation im Ruhrgebiet besaß. Die – zumindest teilweise – gemeinsame Sprache trug ein übriges dazu bei. Und endlich waren die Schweizer ja freiwillig da und keine Besatzer. Aber warum brachte man denn z. B. den Schweden nicht die gleiche Zuneigung entgegen?
Die Improvisation und die Hinwendung zu den Kleinsten unter den Notleidenden dürfte allein nicht den Ausschlag für die unterschiedliche Einstellung gegeben haben. Es waren vielmehr – ohne daß es der Bevölkerung wohl richtig bewußt geworden wäre – die von allen anderen Hilfswerken abweichenden Prinzipien der von den Schweizern geleisteten Arbeit. «Hilfe zur Selbsthilfe» und «Vertrauenswerbung» hießen diese Grundsätze.
Am 15. Juli 1946 berichtete die «Neue Berner Zeitung» über die Reise einer Gruppe von Schweizer Journalisten durch Deutschland. «Sieht man den Leuten ins Antlitz, so fällt einem vor allem die Niedergeschlagenheit auf, die allen gemeinsam ist. Dumpfe Resignation ist das allgemeine Charakteristikum, und es ist eine große Seltenheit, daß man jemanden lachen sieht», heißt es in dem Artikel. Dieser Eindruck wird wieder und wieder bestätigt.
Allerdings kann man auch bei näherem Hinsehen den gegenteiligen Eindruck gewinnen: trotz großer Hoffnungslosigkeit ergibt man sich nicht tatenlos in sein Schicksal, sondern sucht das Übel zu steuern, versucht mit aller Macht wiederaufzubauen, was zerstört ist. Welcher Eindruck ist nun der richtige? Welche Haltung überwiegt? Die Antwort fällt schwer. In den sozial schwächeren Bevölkerungskreisen, denjenigen, die am Rande oder unterhalb des Existenzminimums dahinvegetierten, dürfte die Hoffnung auf die Zukunft am geringsten, die Resignation am größten gewesen sein. Die Kinder dieser Schichten, mit ihren Familien am ehesten in Unterkünften hausend, die Löchern mehr als Wohnungen glichen, zählten zu den Ärmsten der Armen. Ihnen mußte zuerst alle Hilfe gelten. Indes – was nützte alle materielle Hilfe, was bewirkte das Verteilen von Essen, die Ausgabe von Kleidungsstücken, wenn man es nicht fertigbrachte, ihnen den Glauben an die Zukunft wiederzugeben? Erst der Wiederaufbau einer inneren Motivation, nicht nur bei den Kindern, sondern erst recht bei ihren Eltern, führte letztlich auch zu Aktivitäten, die sich nicht nur auf den jeweiligen Tag bezogen.
Hier setzte die Schweizer Spende an. Das war nicht nur materielle Überlebenshilfe, sondern Erziehungsarbeit. Vor allem hieß es, die Eigeninitiative der Kinder und Eltern wiederzubeleben.

In dem Bericht, den ein Delegierter der Schweizer Spende, der im Auftrag der Berner Zentrale die deutschen Stationen des Hilfswerks Ende April/Anfang Mai 1947 besuchte, wird dies noch einmal hervorgehoben:

«Vor allem obliegt den Deutschen die Aufgabe, sich selbst zu helfen. Das bedeutet, dass nicht nur jeder für sich selbst und seine Allernächsten sorge, sondern für die Gesamtheit seiner

103 *Zwei Waggons Äpfel, die die Schweizer an Gelsenkirchener Kinder ausgaben, wurden als besondere Köstlichkeit freudig begrüßt.*

104 *Der handgezeichnete Dank.*

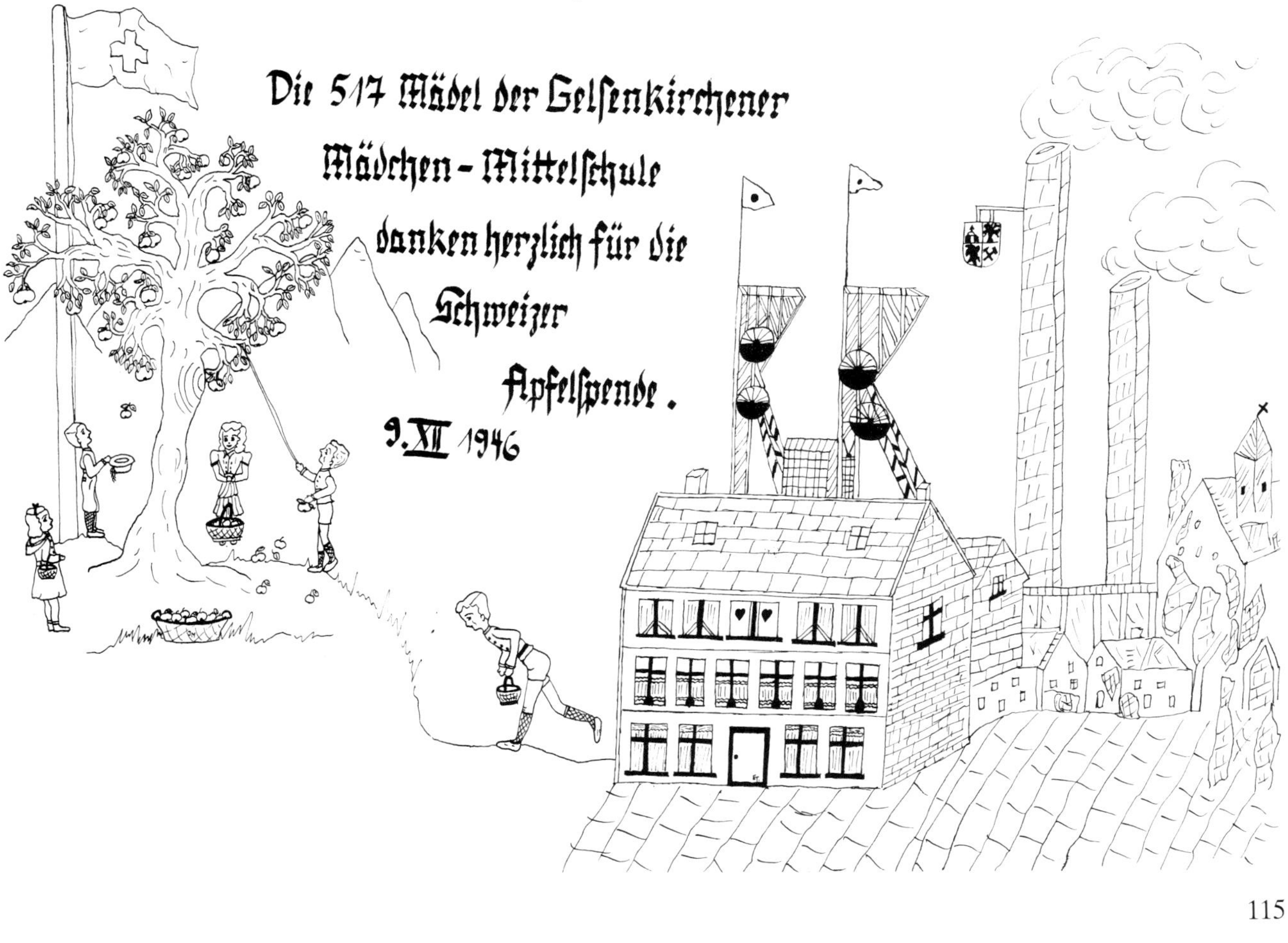

Landsleute und die besonders Benachteiligten unter ihnen... Wir müssen alles tun, was in unseren Kräften liegt, um die aufbauenden Kräfte der Deutschen... zu stärken und zu ermutigen.»

Sieht man einmal von der anfänglichen Kinderspeisung ab, so herrschte dieses Prinzip bald durchgehend bei allem, was die Schweizer taten. Und es gab eine Menge weiterer Aktionen.

Nachdem die Schweizer Dörfer errichtet worden und die ersten Speisungen angelaufen waren, begann man, Nähstuben einzurichten, wo die Mütter die Kleider ihrer Kinder flicken konnten. Hierfür hatte man die Nähmaschinen mitgebracht. Meistens blieb es nicht beim Flikken der eigenen Kleidung. Vielmehr fanden sich Frauengruppen zusammen, die aus Stoffresten und kaum mehr tragbaren Kleidern Mäntel, Hosen, Jacken und andere Kleidungsstücke schufen, um sie an bedürftige Kinder zu verschenken.

Außer den Nähstuben entstanden in allen Schweizer Stationen zusätzliche Werkstätten, in Gelsenkirchen waren es eine Schusterei, um den verrotteten Kinderschuhen doch noch ein wenig mehr Lebensdauer zu verleihen, und eine Schreinerei. Nachdem der Leiter der Gelsenkirchener Aktion bei seiner Ankunft auf eine Anzahl von Kinderbettchen, die Basler Jugendgruppen zusammen mit Arbeitern einer Möbelfabrik gezimmert hatten, zur Verteilung mitgebracht hatte, bemühte er sich, ab 1947 solche Bettchen mit Hilfe Gelsenkirchener Jugendlicher herzustellen. Und es gelang. Aus alten Munitionskisten fertigte man sie. Für viele Eltern war das eine wertvolle Hilfe.

Im größeren Stil waren zwei weitere Hilfsaktionen anlegt. Da war zunächst einmal die Strickaktion, die im Winter 1946/47 ebenso wie

105 *Nachdem die Schweizer 1946 noch Kinderbettchen, die aus Munitionskisten gebaut worden waren, mitgebracht hatten, wurden sie ab 1947 in Werkstätten der Schweizer Spende in Deutschland gezimmert.*

106 *Die «Verschickung» von notleidenden Kindern ins westliche Ausland wurde nicht von allen Pädagogen positiv beurteilt.*

im darauffolgenden Jahr durchgeführt wurde. Beteiligt waren daran die Schulen, vor allem die Mädchen der Oberstufenklassen. Sie bekamen von den Schweizern Wolle und Stricknadeln zur Verfügung gestellt und strickten Pullover, Jäckchen, Höschen und Strümpfe für die Drei- bis Sechsjährigen. «Natürlich bekamen wir eine Belohnung», erinnert sich eine ehemalige Teilnehmerin dieser Aktion. «Es war ein kleines Paket mit Schokolade, Waschlappen und Seife. Wir freuten uns riesig.»

Nicht für sich selbst, sondern vor allem für andere etwas tun, wofür es dann durchaus einen «Lohn» gab, stand auch im Mittelpunkt der zweiten Großaktion, die im Sommer 1947 anlief: der Herstellung von Sandalen mit Holzsohlen, sogenannten «Kläpperchen». 70000 dieser «Zoccoli», wie sie in ihrer schweizerischen Ursprungsregion, dem Tessin, genannt wurden, gelangten allein nach Gelsenkirchen. Aber sie waren keineswegs «ausgabefertig». Im «Urzustand» waren sie angeliefert worden, d.h. die vorgefertigten Sohlen waren getrennt von den Stoffbändern, die als Sandalenriemchen dienten. Sandalen wurden daraus erst durch Zutun der Kinder und Jugendlichen. Denn diese trommelte man zu diesem Zweck zusammen. Ledermann und seine Mannschaft drückten den Kindern das nötige Werkzeug in die Hand, leiteten sie an, und schon ging die Arbeit los. Keines der Kinder, das bei der Schuhherstellung im Schweizer Dorf mitwirkte, produzierte zuerst und unmittelbar für sich selbst. Die fertigen Kläpperchen kamen alle auf einen großen Haufen. Und erst als die vielen Tausende von Kindern, Schulklasse für Schulklasse, Kindergarten für Kindergarten, ins Schweizer Dorf kamen, um sich jedes ein Paar Holzsandalen abzuholen, waren auch die Produzenten an der Reihe.

War dies die eine Methode, durch

107/108 *Auch Körbchen für die Kleinsten wurden aus der Schweiz mitgebracht und verteilt.*

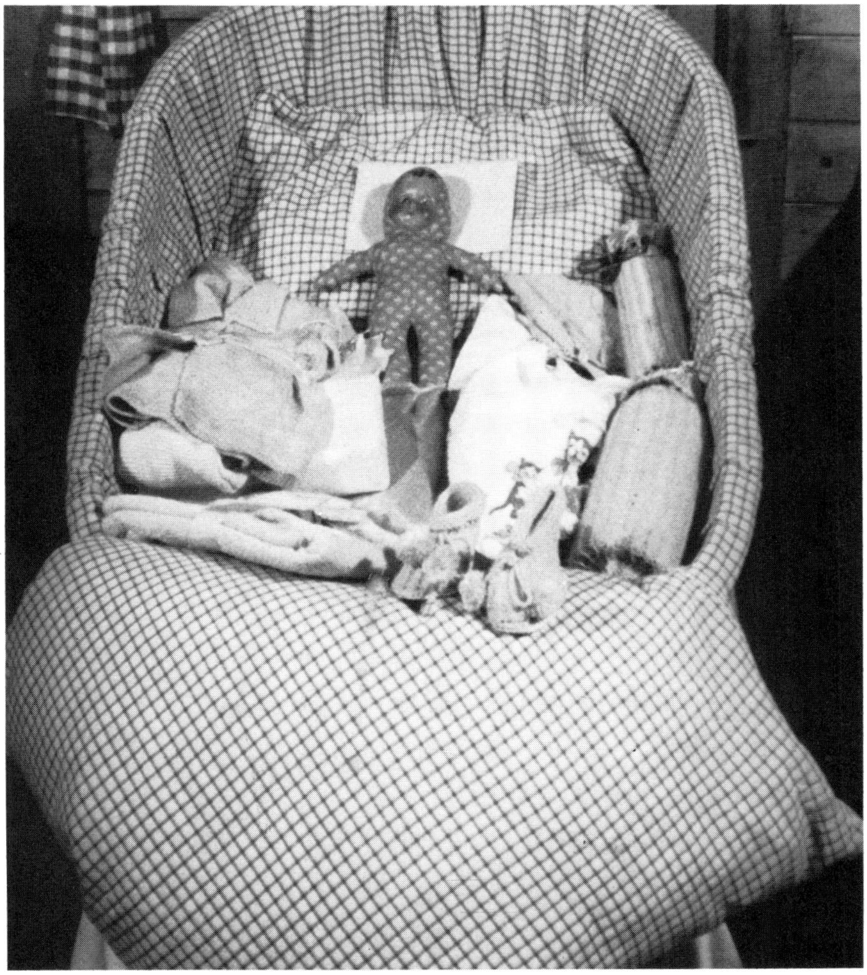

Verantwortung für den anderen die Zukunftshoffnung zu steigern, so gehörte der Versuch, Freude in einer noch so tristen Umwelt zu schaffen, gleichfalls zum Konzept der Schweizer. Diesem Ansatz folgend, wurde die Umgebung, in der die Schweizer Spende arbeitete, nett und freundlich ausgestaltet. Obwohl es nur zur vorübergehenden Nutzung bestimmte Baracken waren, aus denen die Schweizer Dörfer zusammengebaut worden waren, wurde ihr Inneres wie ein privates Wohnhaus ausgestaltet. An den Wänden hingen Bilder – in Gelsenkirchen z. B. waren es aus Sperrholz ausgesägte Märchenmotive, die von einem befreundeten Maler hergestellt und bemalt worden waren – und auf den Tischen lagen Tischdecken. Vor den Barakken wuchsen im Frühjahr und im Sommer Blumen. Die Gelsenkirchener Anlage zierte sogar ein kleiner künstlich angelegter Teich.

Diese «seelischen Kalorien», wie Ledermann es nannte, unterschieden auch im wesentlichen die Speisungsaktion der Schweizer Spende von der Schul- bzw. auch der Schwedenspeisung. Das Schwergewicht der Schulspeisung wie der Zusatzernährung der Schweden lag darauf, daß überhaupt Mahlzeiten an die Kinder ausgegeben wurden. Um sicherzustellen, daß von dem Essen auch wirklich nur das bedürftige Kind profitierte, stellte man ein z.T. höchst bürokratisches Regelwerk auf. Der äußere Rahmen, in dem die Kinder ihr Essen zu sich nahmen, blieb gänzlich unbeachtet. Vorausgesetzt man hielt sich in den ausgebenen Schulen an die Vorschriften, so bekam jedes Kind seine Suppe ins Eß- bzw. Kochgeschirr. Aus diesem Kochgeschirr löffelte es dann für sich, nicht immer an einem Tisch sitzend, die mehr oder minder wohlschmeckende Nahrung in sich hinein. Von einer gemeinsamen Einnahme der Mahlzeit konnte nicht im entferntesten die Rede sein.

109 *«Zoccoli» heißen im Tessin die als Schuhersatz dienenden «Kläpperchen».*

Ganz anders in den Schweizer Dörfern. Hier saßen die Kinder gemeinsam an einem Tisch und aßen entweder aus Bechern oder von Blechtellern, die von Helfern der Schweizer Akteure größtenteils selbst aus alten Konservendosen hergestellt worden waren. Auch die Kontrolle war höchst einfach. Wer nicht da war, bekam nichts und mitgegeben wurde ohnehin nichts, da man immer gemeinsam aß. Das war kein ausschließlich der Sättigung dienendes Abfüttern der Kinder, es war das Einüben eines Stücks sozialen Verhaltens.

Die Lebensfreude, die man durch eine angenehme Umgebung zu steigern suchte, wurde zusätzlich durch Feiern und Feste erhöht, bei denen es am Rande auch immer wieder irgendwelche «Kostbarkeiten» gab. Als im Sommer 1947 in den Städten Dortmund, Gelsenkirchen und Bochum durch die Schweizer eine Vielzahl kleiner Verpflegungssta-

110 *Die Kinder der Schweizer Dörfer stellten die «Kläpperchen» selbst her. Zunächst für andere, dann erst für sich selbst.* ▷

tionen fertiggestellt war, jagte geradezu ein Kinderfest das andere. Und zu Weihnachten fanden die Festivitäten wie natürlich eine Fortsetzung. Puppenspielaufführungen wurden dabei zum natürlichen Bestandteil der Feste. Gewissermaßen der «Erfinder» dieses Prinzips war Alfred Ledermann, Doktor der Rechtswissenschaften, der von April 1946 bis zum Spätsommer 1947 die Equipe der Schweizer Spende in Gelsenkirchen leitete. Ledermann hatte schon während seiner Studentenzeit in Basel ein reges soziales Engagement entfaltet. Unter anderem gründete er eine studentische Arbeitsgruppe, die – als eine Art freiwillige Bewährungshilfe – straffällig gewordene Jugendliche betreute. Nach Ende des Zweiten Weltkrieges kümmerte er sich zunächst um jüdische Kinder und Jugendliche, die den Holocaust überlebt und die Wohlfahrtsorganisationen in die Schweiz geholt hatten. Nach einem darauffolgenden kurzen Intermezzo als «Maurer und Dachdecker» in einem internationalen Arbeitslager in Südfrankreich, wo man ein durch den Krieg zerstörtes Dorf wieder aufbaute, und der Betreuung von holländischen Kindern, die man aus dem zerbombten Rotterdam in den Tessin geschafft hatte, stieß Alfred Ledermann zur Schweizer Spende und übernahm die Leitung des Barackendorfes in Gelsenkirchen. Seine richtungweisenden, originellen Ideen machten die Gelsenkirchener Station nicht nur zu einem Vorbild für alle anderen Schweizer Dörfer, sie beförderten ihn selbst bald, nämlich ab Herbst des Jahres 1947, in die Berner Zentrale der Schweizer Spende, wo er seine Ideen europaweit umsetzen konnte. Ledermann sollte auch weiterhin – obwohl er anfangs stets in seinen ursprünglichen Wunschberuf als Jugendanwalt, den er nur kurz unterbrechen wollte, um zu helfen, zurückzukehren trachtete –

111 *Freude in einer noch so tristen Umwelt zu schaffen, gehörte zum Konzept der Schweizer Spende.*

112 *Die Schweizer verteilten auch Süßigkeiten.*

der sozialen Jugendarbeit verbunden bleiben. Er schied schließlich, sechzigjährig, als Zentralsekretär der Schweizer Stiftung «Pro Juventute» im Jahre 1979 aus dem aktiven Berufsleben aus, ohne bis heute seine Aktivitäten im Bereich der Jugendarbeit damit endgültig aufgegeben zu haben. Schon im Februar 1947 hatte Ledermann der Zentrale der Schweizer Spende in Bern erste Vorschläge «für neue Kinderaktionen» unterbreitet. Der Hintergrund seiner Vorschläge war die ständige Geldknappheit der schweizerischen Hilfsaktion, die sich ja ausschließlich aus Spenden finanzierte. Anfang 1947 drohte deshalb das vorzeitige Ende der Hilfe in Deutschland. Aus diesem Grunde schrieb Ledermann:

«Die materielle und geistige Notlage in Deutschland auf allen Gebieten ist wohl noch auf längere Zeit so gross, dass ein vollständiges Aufhören der Schweizer-Spende-Aktion im kommenden Sommer sich für die Folgezeit katastrophal auswirken würde. Die Zerstörungen und Mängel sind zu gross, als dass für die Masse der Bevölkerung in den nächsten Monaten eine Besserung eintreten dürfte, höchstens im Sommer eine Verschiebung der grössten Not von einem Sektor auf den andern. Man vergisst bei uns ob der grossen Ernährungskrise oft, dass die Not in Deutschland aus einer Summierung der verschiedensten materiellen und geistigen Faktoren besteht (Ernährung, Wohnung, Flüchtlingslos usw.), die nur ihr Schwergewicht verlagert, wenn der eine Faktor sich vorübergehend ein wenig bessert... Die Sommerpläne müssen auf den kommenden Winter eingestellt werden, der für das Ruhrgebiet ebenso schlimm sein wird wie der vergangene... Die Hilfe der Schweizer Spende muss noch in vermehrtem Mass die Selbsthilfe fördern im Hinblick darauf, dass diese eines Tages an die Stelle unserer Hilfe treten muss. Wir müssen immer mehr die materielle Hilfe mit der geistigen verbinden, immer mehr junge Ausländer der Notgebiete in unsere Aufgabe eingliedern, die dann eines Tages ohne uns selbst auf sozialem Gebiet weiter arbeiten. Durch unsere monatelange Hilfe und den engen Kontakt mit der Bevölkerung ist der Boden jetzt vorbereitet für ein vermehrtes Arbeiten am geistigen Wiederaufbau.»

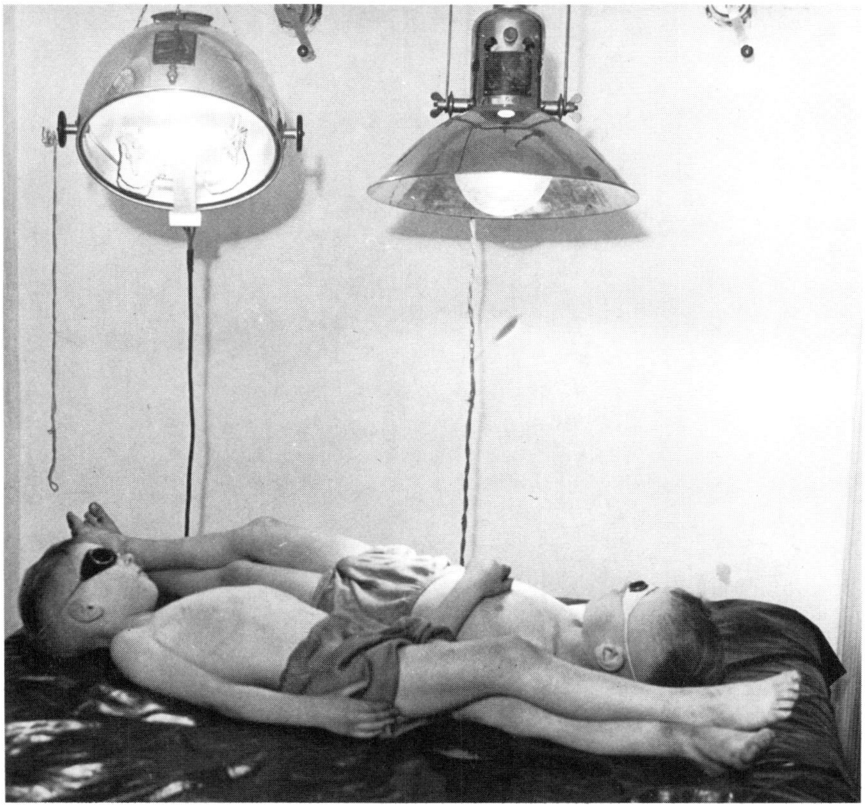

113 *Höhensonnenbestrahlungen sollten der Rachitis vorbeugen.*

Ledermann schlug zuerst die Einstellung der Kinderspeisungen in den Sommermonaten vor. Die Ernährungslage sei im Sommer wesentlich besser, außerdem könne ein Großteil der lagerfähigen Lebensmittel für den folgenden Winter aufbewahrt werden. Anstelle der Kinderspeisungen sollten im Sommer Ferienkolonien, Freiluftschulen, Ausflüge und Badekuren mit den Zehn- bis Achtzehnjährigen durchgeführt werden. Die Begründung dieser Vorschläge durch Ledermann klingt plausibel: Die gesundheitlich am meisten gefährdeten Kinder sollten im Sommer heraus aus den Ruinenstädten aufs Land. Anderen Organisationen, die Kinder in die Schweiz, nach Schweden und England «verschickten», erteilte er damit gleichzeitig eine Absage. Ein solcher Ferienaufenthalt im eigenen Lande habe mehr Sinn als eben jene «Verschikkungen», da ein solch radikaler Milieuwechsel auch psychische Folgen nach sich ziehe. Wenn er jetzt einen Wechsel zu den älteren Kindern vorschlage, so deshalb, weil diese Jugendlichen das gegenwärtige Geschehen bewußt aufnähmen und – so oder so – Träger der Zukunft seien:

114 *Den Kindern wurden durch die Schweizer auch «seelische Kalorien» verabreicht.*

«Das ist die Alterskategorie, die im Ausland fälschlicherweise als die unbelehrbaren Nazis angesehen werden. Sie waren einmal Hitlerjungen und -mädchen und sie geben das auch zu. Ein Ausspruch einer 18jährigen ehemaligen BDM-Führerin zeigt uns aber den Weg zu diesen Jugendlichen: ‹Ihr sagt, der Nationalsozialismus sei falsch gewesen. Ich sehe heute auch ein, dass er schlecht war. Aber niemand zeigte uns damals etwas anderes. Wie sollen wir besser werden, wenn man uns nichts Besseres zeigt?› So sprechen viele deutsche Jugendliche ... und warten darauf, dass wir ihnen neue Ideale zeigen. Solche aufgeschlossene Jugendliche... haben in den von uns vorgeschlagenen Ferienlagern Gelegenheit, ihr soziales Empfinden zu fördern durch praktische Mitarbeit, um vielleicht in den kommenden Jahren im eigenen Kreis selbst soziale Aufgaben anzuregen und durchzuführen.»

Zu guter Letzt schlug Ledermann Patenschaftsaktionen vor. Da die Hilfe der Schweizer Spende an das kriegsgeschädigte Ausland eines Tages aufhören müsse, solle man schon jetzt, im Jahr 1947, auf dieses Ziel hinarbeiten. Weil die Hilfe wahrscheinlich enden werde, wenn immer noch ein gewisser Prozentsatz der Bevölkerung Europas Not leide, bedürfe es gewisser Übergangsformen von der passiven Hilfe zur Selbsthilfe. Die Patenschaft sei eine solche Lösung. Dabei könne der ungeheuere geistige und moralische Wert nicht hoch genug eingeschätzt werden, den ein solcher Kontakt mit sich bringe. «Ein kleiner Beitrag zur direkten Völkerverständigung. Abgesehen davon gibt kein Schweizer mehr gern eine Gabe für eine allgemeine unpersönliche Sammlung, er ist aber zu gewinnen, wenn er die Betreuten irgendwie kennt.» Nach den Vorstellungen Ledermanns kamen persönliche Patenschaften ebenso in Frage wie solche für Kinderheime, Schulklassen, Jugendgruppen usw. Umgekehrt sollten Gemeinschaften wie auch Einzelpersonen ebenfalls als Paten in der Schweiz mitwirken können.

Ledermanns Vorschläge fanden Gehör in Bern. Schon im Sommer 1947 fanden Ferienlager in allen Bereichen statt, in denen Schweizer Dörfer existierten. Das gleiche gilt für Schulwanderungen, wenngleich diese von manchen Schulkollegien nicht gern gesehen wurden. Angeblich würden die geschwächten Schulkinder dadurch zu sehr strapaziert. Die Begeisterung der teilnehmenden Kinder strafte solche Äußerungen jedoch in jedem Fall Lügen. Und überall sorgten die Schweizer auch für das nötige Essen. Auch die vorgeschlagenen Badekuren wurden, größtenteils in Zechenbädern, für die kränklichen Kinder durchgeführt. Zusätzlich dazu verabreichte man einer großen Zahl von Kindern Höhensonnenbestrahlungen, um so der Rachitis, einer Mangelkrankheit, die als Folge vitaminarmer Ernährung von allem bei Kleinkindern auftritt und u. a. zu auffälligen Knochenverbiegungen führt, vorzubeugen.

Wurden durch Ferienlager die Grundlagen eines rücksichtsvollen Sozialverhaltens, also eines Verhaltens, das im Gegensatz zu den Erziehungsidealen der Nazi-Zeit steht, gelegt und damit die Basis für ein demokratisches Bewußtsein bei den älteren Kindern und Jugendlichen geschaffen, so praktizierte Ledermann in «seinem» Schweizer Dorf in Gelsenkirchen auch direkte Erziehung zur Demokratie. Er hatte im Frühjahr 1947 ein «Berufsschulparlament» ins Leben gerufen.

Solche einzelnen Initiativen versprachen sicherlich weitaus mehr Erfolg als alle «Umerziehungsvorschriften» und «-bemühungen» alliierter Stellen zusammen. Dabei war dieses Forum aber mehr als nur ein Übungsparlament, denn es

115/116 *Die Schweizer Dörfer wurden, obwohl nur auf Zeit errichtet, bewußt unter ästhetischen Gesichtspunkten gestaltet.*

◁ 117 *Ganz anders als bei der allgemeinen Schulspeisung nahmen die Kinder in den Schweizer-Spende-Stationen immer gemeinsam an einem Tisch sitzend ihre Mahlzeiten ein.*

118 *Die Blechteller wurden von freiwilligen Helfern aus alten Konservendosen hergestellt.*

Am 30. Juli 1947 berichtet die «Westfälische Rundschau» unter der Überschrift «Die siebzehnjährige Parlaments-Präsidentin»:
«Etwas, was wohl noch nicht allgemein bekannt ist: die Gelsenkirchener Städt. Berufsschule hat ein eigenes Jugendparlament. Es tagt im ‹Knuschperhüsli› des Schweizerdorfes... Gelegentlich der jüngsten Parlaments‹session›, der deutsche und ausländische Gäste beiwohnten, haben wir diesen interessanten ‹Landtag› einmal besucht. In geschickt abgefaßten Referaten versuchte sich die Jugend mutig durch das Wesen europäischer Länderverfassungen hindurchzutasten. Es war ein erfreuliches Bild einer sich nicht nur in Worten äußernden begeisterten Aufgeschlossenheit der Jugend für die demokratische Lebensform.»

119 *Kinderfeste und Puppenspiele gehörten ebenso zum pädagogischen Konzept Alfred Ledermanns in den Jahren 1946/47.*

setzte sich tatkräftig für den Wiederaufbau ein, indem es mit Hand anlegte. Eifrig wirkten die Jugendlichen im Sommer 1947 bei der Wiedererrichtung des Gelsenkirchener evangelischen Krankenhauses mit, das bis dahin in einem Bunker untergebracht war. So verbanden sich in dieser Gruppe alle Prinzipien der Schweizer Spende. Materielle und geistige Hilfe hatten gleichermaßen Frucht getragen. Als die Schweizer sich im Sommer 1948 aus Deutschland zurückzogen, war ihre Saat aufgegangen. Zwar waren es im Ruhrgebiet nur drei Stationen, die sie unterhalten hatten, die von diesen ausgehende Breitenwirkung ist jedoch viel höher einzuschätzen als alle anderen Hilfeleistungen in jenen Tagen.

Verzeichnis der benutzten Quellen und Literatur

1. Unveröffentlichte Quellen

Hauptstaatsarchiv Düsseldorf, Bestände NW 19 - 65, NW 19 - 66, NW 19 - 35, NW 19 - 691, NW 19 - 711, NW 19 - 717, NW 19 - 677/678, NW 19 - 921, NW 20 - 10, NW 20 - 90, NW 20 - 134, NW 20 - 192, NW 20 - 194, NW 20 - 207, NW 20 - 484, NW 20 - 540, NW 20 - 545, NW 20 - 547

Privatbesitz Dr. Alfred Ledermann

Schulchroniken und Protokollbücher

Chronik der ev. Schule an der Birkelstraße 1918–1959 (Duisburg)

Chroniken der kath. Volksschulen Florastraße und Franklinstraße zu Duisburg-Laar

Chronik der kath. Volksschule Goldstraße (Duisburg)

Chronik der Cäcilien- und Hilgenboomschule (Gelsenkirchen)

Chronik der Schule an der Erdbrüggenstraße (Gelsenkirchen)

Chronik der ev. Volksschule Gelsenkirchen-Horst, Sandstraße

Chronik der ev. Volksschule, System IV, Rotthausen (Gelsenkirchen)

Chronik der kath. Volksschule, System IV, Rotthausen (Gelsenkirchen)

Chronik der kath. Volksschule Ückendorfer Straße (Gelsenkirchen)

Chronik der kath. Volksschule Ückendorfer Straße, Alte Schule, begonnen und berichtet von 1945 bis Ende 1966

Chronik der Schillerschule (Gelsenkirchen)

Chronik der Wiehagenschule (Gelsenkirchen)

Schulchronik der ev. Volksschule Gelsenkirchen-Buer, Urbanusstraße

Schulchronik der Melanchthonschule in Gelsenkirchen-Heßler, 23. 8. 1946 - April 1951

Schulchronik seit dem 1. Juli 1946, dem Tag der Wiedereröffnung der früheren Schillerschule (Gelsenkirchen)

Protokollbuch Schillerschule 1917–1939. Am Dahlbusch II 1939–1940. Am Dahlbusch 1940–(?) (Gelsenkirchen)

Stadtarchiv Duisburg, Bestände 100 A/30-7 und 400/1751

Stadtarchiv Gelsenkirchen, Bestände 0/XXI/3-2, 3B-1, 4-1, 4A-1, 4B-4, 4B-5, 4D-1, 13-7, 14-1

Stadtarchiv Herne, Bestand „Staatl. Schulaufsicht, Fach II, 1b, Bd. 2, 1935–1949“, Bestand „Einziehung v. Literatur u. Werken nationalsoz. u. militär. Charakters“, Bestand IV-8: „Turnen, Wandern usw.“, Bestand „Staatl. Schulaufsicht, Fach I, 9a, Bd. I, Wiedereröffnung der Schule 1945–1946“, Bestand IV-20/2: „Schulfunk“, Bestand VII 1-3, Bestand „Schulausschuß. Allgemeines 1946–1960“, Bestand „Allgem. Schulpflicht/Freiw. 9. Schuljahr“

Stadtarchiv Wanne-Eickel, Bestand „Notlehrgang 1946“, Bestand „Lehrerfortbildung 1947–1960“, Bestand „Lehrpersonen-Verfg. 1947“, Bestand „Lehrerprüfung 1947“, Bestand „Rundfunk 1931–1959“

2. Zeitungen, Zeitschriften, Periodika

Amtliche Bekanntmachungen der Stadt Herne, Jg. 1945

Bekanntmachungen der Stadt Gelsenkirchen. With Authority of Military Government. Detachment No. 113, Jg. 1945, Jg. 1946

Bekanntmachungen der Stadt Gelsenkirchen. Hg. von der Stadt Gelsenkirchen, Jg. 1 (1946), Jg. 2 (1947)

Bekanntmachung der Stadtverwaltung Duisburg, Jg. 1945

Essener Mitteilungen. Bekanntmachungen des Rates der Stadt Essen. Hg. mit Genehmigung der Militärregierung, Jg. 1947, Jg. 1948

Informationen zur erziehungs- und bildungshistorischen Forschung. Hg. v. d. Kommission der Deutschen Gesellschaft für Erziehungswissenschaft, H. 17/18. o.O. 1982

Kölnischer Kurier. Hg.: Die amerikanische Armee, Jg. 1945

Military Government Gazette Germany. British Zone of Control (Amtsblatt der Militärregierung Deutschland. Britisches Kontrollgebiet). Jg. 1945–1947

Mitteilungen des Deutschen Städtetages in der Britischen Zone. Jg. 1945 u. 1946

Mitteilungsblatt der Landesbauernschaft, des Landesernährungsamtes Westfalen und seiner Wirtschaftsverbände. Jg. 1946

Monthly Report of the Control Commission for Germany (BE), Vol. I–III (1946–1948)

Neue Ruhr-Zeitung, 1. Jg. (1946) u. 2. Jg. (1947)

Neue Westfälische Zeitung. Hg. v. d. brit. Militärbehörden, Jg. 1945 u. 1946

Neuer Westfälischer Kurier, 2. Jg. (1947)

Ruhr-Zeitung. Hg.: Die amerikan. Heeresgruppe für die deutsche Zivilbevölkerung (Alliiertes Kontrollblatt), später: Hg. v. d. Britischen Besatzungsbehörde, Jg. 1945 u. 1946

Die Schule, Jg. 1946–1948

Schweizer Illustrierte, Jg. 1946 u. 1947

Sie und Er. Zopfingen (Schweiz), XXIII. Jg. (1947)

Der Spiegel, 1. Jg. (1947) u. 2. Jg. (1948)

Die Tat. Zürich, 11. Jg. (1946)

Verwaltungsbericht der Stadt Gelsenkirchen 1945–1949. o.O. o. J.

Volksrecht. Sozialdemokratisches Tagblatt. Offizielles Organ der Sozialdemokratischen Partei der Schweiz und des Kantons Zürich, 49. Jg. (1946)

Westfälische Rundschau, 1. Jg. (1946) u. 2. Jg. (1947)

Westfalenpost/Ruhr-Nachrichten, 1. - 3. Jg. (1946–1948)

3. Veröffentlichte Quellen und Literatur

Abelshauser, Werner: Wirtschaft in Westdeutschland 1945–1948. Rekonstruktion und Wachstumsbedingungen in der amerikanischen und britischen Zone. Stuttgart 1975 (Schriftenreihe der Vierteljahreshefte für Zeitgeschichte, 30)

Akten zur Vorgeschichte der Bundesrepublik Deutschland 1945–1949. Hg. v. Bundesarchiv und Institut für Zeitgeschichte. Bd. 1, München 1976. Bd. 2, München 1979

Arbeitsgruppe Pädagogisches Museum (Hg.): Heil Hitler, Herr Lehrer. Volksschule 1933–1945. Reinbek bei Hamburg 1983

Balfour, Michael: Vier-Mächte-Kontrolle in Deutschland 1945–1946. Düsseldorf 1959

Bieber, Josef/Stammen, Theo/Wahlmann, Peter (Hg.): Vorgeschichte der Bundesrepublik Deutschland. Zwischen Kapitulation und Grundgesetz. München 1979

Böttcher, Karl Wilhelm: Die deutsche Emigration aus dem Osten. In: Frankfurter Hefte 5 (1950), S. 1159 - 1175

Borinski, F.: German Educational Reconstruction. Die Geschichte von G.E.R. In: Die Sammlung 3 (1948), S. 49–55

Borsdorf, Ulrich/Niethammer, Lutz: Zwischen Befreiung und Besatzung. Analysen des US-Geheimdienstes über Positionen und Strukturen deutscher Politik 1945. Wuppertal 1976

Bracher, Karl-Dietrich (Hg.): Nach 25 Jahren. Eine Deutschland-Bilanz. München 1970

Bungenstab, Karl-Ernst: Umerziehung zur Demokratie? Reeducation-Politik im Bildungswesen der US-Zone 1945–1949. Düsseldorf 1970

Clay, Lucius D.: Entscheidung in Deutschland. Frankfurt/M. 1950

Dollinger, Hans (Hg.): Deutschland unter den Besatzungsmächten 1945–1949. Seine Geschichte in Texten, Bildern und Dokumenten. München 1967

Erdmann, Karl-Dietrich: Übersicht über die Entwicklung der Schule in Deutschland 1945–1949. In: Neue Sammlung 16 (1976), S. 215–234

Eschenburg, Theodor: Jahre der Besatzung 1945–1949. Stuttgart 1983 (Geschichte der Bundesrepublik Deutschland, Bd. 1)

Gelsenkirchen 1947. Denkschrift zu den Friedensfragen. Zusammengestellt im Auftrage des Herrn Oberstadtdirektors von Fr. Wendenburg. o.O. o.J.

Gillis, John R.: Geschichte der Jugend. Tradition und Wandel im Verhältnis der Altersggruppen und Generationen in Eu-

ropa von der zweiten Hälfte des 18. Jahrhunderts bis zur Gegenwart. Weinheim/Basel 1980
Gimbel, John: Amerikanische Besatzungspolitik in Deutschland 1945–1949. Frankfurt/M. 1971
Grube, Frank/Richter, Gerhard: Flucht und Vertreibung. Deutschland zwischen 1944 und 1947. Hamburg 1980
–,–: Die Gründerjahre der Bundesrepublik. Deutschland zwischen 1945 und 1955. Hamburg 1981
–,–: Die Schwarzmarktzeit. Deutschland zwischen 1945 und 1948. Hamburg 1979
Halbritter, Maria: Schulreformpolitik in der brit. Zone von 1945 bis 1949. Weinheim 1979 (Studien und Dokumentationen zur deutschen Bildungsgeschichte, 13)
Hammerschmidt, Helmut (Hg.): Zwanzig Jahre danach. Eine deutsche Bilanz 1945–1965. München/Wien/Basel 1965
Hardach, Karl: Wirtschaftsgeschichte Deutschlands im 20. Jahrhundert. Göttingen 1976 (Kleine Vandenhoeck-Reihe, 1411)
Haß, Kurt (Hg.): Jugend unterm Schicksal. Lebensberichte junger Deutscher 1946–1949. Hamburg 1950
Heamden, Arthur (Ed.): The British in Germany. Educational Reconstruction after 1945. London 1978
Heuss, Theodor: Aufzeichnungen 1945–1947. Tübingen 1966
Lilge, Herbert (Hg.): Deutschland 1945–1963. Hannover, 10. Aufl. 1978
Kleßmann, Christoph: Die doppelte Staatsgründung. Deutsche Geschichte 1945–1955. Göttingen 1982
–,–/Friedemann, Peter: Streiks und Hungermärsche im Ruhrgebiet 1946–1948. Frankfurt/New York 1977
Koch, Thilo: Fünf Jahre der Entscheidung. Deutschland nach dem Kriege 1945–1949
Köhler, Wolfram: Das Land aus dem Schmelztiegel. Die Entstehungsgeschichte Nordrhein-Westfalens. Düsseldorf 1961
Krüger, Wolfgang: Entnazifiziert! Zur Praxis der politischen Säuberung in Nordrhein-Westfalen. Wuppertal 1982
Laqueur, Walter: Europa aus der Asche. Geschichte seit 1945. München/Zürich/Wien 1970
Latour, Conrad F./Vogelsang, Thilo: Okkupation und Wiederaufbau. Die Tätigkeit der Militärregierung in der amerikanischen Besatzungszone Deutschlands. 1944–1947. Stuttgart 1973
Mosse, George L.: Nazi Culture. Intellectual, cultural and social Life in the Third Reich. New York 1960
Müller-Marein, Josef: Deutschland im Jahre 1. Panorama 1946–1948. Hamburg 1960
Nahm, Peter Paul: Doch das Leben ging weiter. Skizzen zur Lage, Haltung und Leistung der Vertriebenen. Flüchtlinge und Eingesessenen nach der Stunde Null. Köln/Berlin 1971
Narr, Wolf-Dieter/Thränhardt, Dietrich (Hg.): Die Bundesrepublik Deutschland. Entstehung, Entwicklung, Struktur. Königstein/Ts. 1979
Noack, Paul: Die deutsche Nachkriegszeit. München 1960
Overesch, Manfred: Deutschland 1945–1949. Vorgeschichte und Gründung der Bundesrepublik. Königstein/Ts. 1979
Pakschies, Günther: Umerziehung in der Britischen Zone 1945–1949. Untersuchungen zur britischen Re-education-Politik. Weinheim 1979
Pietsch, Hartmut: Militärregierung, Bürokratie und Sozialisierung. Zur Entwicklung des politischen Systems in den Städten des Ruhrgebiets 1945–1948. Duisburg 1978
Pünder, Tilman: Das bizonale Interregnum. Die Geschichte des Vereinigten Wirtschaftsgebietes 1946–1949. Rastatt 1960
Priamus, Heinz-Jürgen: Als die Schule wieder anfing. In: Hering, Hartmut/Klaus, Michael (Hg.), Und das ist unsere Geschichte. Gelsenkirchener Lesebuch. Oberhausen 1984, S. 292–299
Rexin, Manfred/Moltmann, Günther/Lilge, Herbert: Deutschland 1945–1963. Hannover 1967
Ruhl, Klaus-Jörg (Hg.): Neubeginn und Restauration. Dokumente zur Vorgeschichte der Bundesrepublik Deutschland. München, 2. Aufl. 1984
Schlander, Otto: Reeducation. Ein politisch-pädagogisches Prinzip im Widerstreit der Gruppen. Frankfurt 1975
Schlange-Schöningen, Hans (Hg.): Im Schatten des Hungers. Hamburg/Berlin 1955
Schwan, Heribert/Steininger, Rolf: Als der Krieg zu Ende ging. Berlin 1981
Stadt Gelsenkirchen. Jahres-Chronik für das Jahr 1945. Jahres-Chronik für das Jahr 1946. Jahres-Chronik für das Jahr 1947. Jahres-Chronik für das Jahr 1948. Jahres-Chronik für das Jahr 1949. Bearb. v. Dr. Wilhelm Niemöller. o.O. o.J.
Stolper, Gustav/Häuser, Karl/Borchardt, Knut: Deutsche Wirtschaft seit 1870. Tübingen, 2. Aufl. 1966
Trees, Wolfgang/Whiting, Charles/Omansen, Thomas: Drei Jahre nach Null. Geschichte der britischen Besatzungszone, Düsseldorf 1978
Trümmer, Träume, Truman. Die Welt 1945–1949. Berlin 1985
Ursachen und Folgen. Vom deutschen Zusammenbruch 1918 und 1945 bis zur staatlichen Neuordnung Deutschlands in der Gegenwart. Eine Urkunden- und Dokumentensammlung zur Zeitgeschichte. Bd. 24 u. 25. Berlin 1976 u. 1977
Vogelsang, Thilo: Das geteilte Deutschland. München, 5. Aufl. 1973
Vorgeschichte der Bundesrepublik Deutschland. Zwischen Kapitulation und Grundgesetz. München 1979
Wollasch, Hans-Josef: Humanitäre Auslandshilfe für Deutschland nach dem Zweiten Weltkrieg. Freiburg 1976
Zayas, Alfred M. de: Die Anglo-Amerikaner und die Vertreibung der Deutschen. München 1977
Zentner, Kurt: Aufstieg aus dem Nichts. Deutschland von 1945 bis 1953. Eine Soziographie. 2 Bde. Köln 1953

Ortsregister

Danksagung

An dieser Stelle sei allen Dank gesagt, die zur Entstehung dieses Buches aktiv beigetragen haben. Mein Dank richtet sich vor allem an die vielen Zeitzeugen, die sich mir als Interviewpartner zur Verfügung gestellt haben. Mein besonderer Dank gilt jedoch Herrn Dr. Alfred Ledermann, der mir nicht nur überaus wertvolle Auskünfte gab, sondern auch noch eine Vielzahl von Materialien zur Verfügung stellte. Die überwiegende Anzahl der Fotos dieses Bandes stammt von ihm. Ohne Herrn Dr. Ledermann wäre dieses Buch so niemals entstanden.